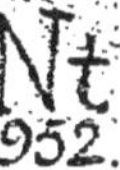

JOURNAL DES OPERATIONS

DE

L'ARMÉE AMÉRICAINE

LORS DE

L'INVASION DU CANADA EN 1775-76

PAR M. J. B. BADEAUX

Notaire de la ville des Trois-Rivières.

MONTRÉAL

EUSÈBE SENÉCAL, IMPRIMEUR-ÉDITEUR

Rue St. Vincent, Nᵒˢ 6, 8 et 10.

1871

JOURNAL DES

OPERATIONS DE L'ARMEE AMERICAINE

LORS DE L'INVASION DU CANADA EN 1775–76, PAR
M. J. B. BADEAUX, NOTAIRE DE LA VILLE
DES TROIS-RIVIÈRES.

La postérité se ressouviendra du trouble qu'à causé en Canada la guerre civile entre les colonies de l'Amérique septentrionale et la cour d'Angleterre sous prétexte de la liberté dont les provinciaux faisaient leur idole, qu'on voulait, disaient-ils, leur ravir en voulant se soustraire à la domination de leur roy pour s'ériger en république, afin de donner des lois à toute la terre, ôtant et distribuant les trônes et les couronnes suivant leur caprice, voulant rendre le roi esclave et l'esclave roi, s'approprier les biens de l'un pour en gratifier l'autre, et ne formant que des objets ambitieux.

Je ne sais si c'est le peu de goût que j'ai pour cette farine de gouvernement qui me fait penser ainsi ; mais j'avoue que si je trouve des vertus dans plusieurs des républicains, je trouve des grands défauts dans une république en général ; j'y vois beaucoup plus de faute et d'ostantation que de véritable grandeur d'âme, je dirai même que la plupart des actions des républicains me paraissent tenir plus tôt du barbarisme que de la noblesse de leurs sentiments.

Il me semble que la solide gloire a quelque chose de plus doux, de plus sage et de modeste et que cet amour excessif de la liberté porte les cœurs à des entreprises plus hardies que généreuses, et presque toujours sanguinaires ; au lieu que dans un peuple soumis à un seul maître, je ne vois que zèle, qu'amour et fidélité, et dans celui qui gouverne seul que tendresse et qu'attention pour son peuple.

Tant de têtes qui gouvernent un peuple ne peuvent l'aimer également et le peuple ne saurait aimer tant de maîtres à la fois ; le cœur ne peut s'attacher à tant de différents objets, il n'en peut en aimer qu'un, et tous peuvent être aimés d'un seul.

D'où je conclus que puisque le ciel nous a' fait naître pour obéir, il nous est mille fois plus doux de n'avoir qu'un seul maître que d'être soumis aux volontés de plusieurs, tel qu'on le voit dans les républiques. C'est mon sentiment, et je souhaiterais de tout mon cœur que tous mes compatriotes pensassent comme moi, je ne craindrais point d'insérer dans ce journal des faits que je prévois qui déshonorera la nation canadienne, car je m'aperçois déjà à présent que les canadiens ont changé de sentiment par la lettre qu'ils ont reçue du congrès en date du 26 sept. 1774 dont chacun a interprété à sa fantaisie. Fasse le ciel que je puisse me tromper et que les canadiens puissent conserver leur honneur et fidélité.

Vers la fin de mai 1776, Monsieur Wans-hazen, officier du 44e régiment, passa en cette ville, venant de Montréal qui nous apprit qu'un parti de Bostonnois étaient venus s'emparer des forts Carillon et La Pointe, qu'ils étaient même venus jusqu'à St. Jean, s'étaient emparés des troupes qui y étaient au fort ainsi que des vivres et munitions du roi et qu'ils s'étaient retiré à la pointe où ils construisaient des berges pour venir pénétrer dans cette province.

Aussitôt que M. de Carleton fut averti de cela, il fit monter les troupes qui étaient à Québec, pour aller défendre l'entrée des Bostonnais en cette province. La compagnie du capitaine Strong qui était en garnison en cette ville est partie le 20 may.

Les troupes de Québec passèrent le 26 de mai et le capitaine Belly logea chez moi, il ne s'est rien passé depuis ce temps jusqu'au 9 de juin, jour auquel M. le Général fit sortir une proclamation pour établir les milices, cette proclamation fut adressée à M. de Tonnancour, qui me chargea d'en faire la lecture le 13 de juin fête de St. Antoine, ce que je fis en sortant de la messe chez les Récolets.

Le 23 de juin, M. de Montefron, chevalier de St. Louis, reçut un paquet de commissions en blanc, de M. le général, qui lui marquait dans sa lettre de me prendre avec lui pour faire le tour du gouvernement et former les élections des officiers de milice, mais M. de Baucin, de la Rivière du Loup, qui se trouva en ville m'épargna, malgré moi, cette peine et fut avec M. de Montessore, à leur retour, ils firent l'élection des officiers de cette ville.

Toutes les affaires furent assez tranquilles pendant le mois de juillet et d'août, M. le général avait assemblé son conseil à Québec pour travailler à établir des réglements pour cette province, mais il fut obligé d'abandonner son conseil pour courir à la défense du fort St. Jean qui était menacé par les Bostonnais.

Le 6 de septembre M. le général arriva de Québec, il fut loger chez M. de Tonnancour qui lui fit mettre un factionnaire canadien, ce fut Charles l'Etourneau, forgeron, qui se trouva alors à faire sa faction. M. le général voyant cette homme qui passait et repassait devant ses fenêtres et ne sachant ce que c'était, il demanda à M. de Tonnancour ce que faisait cette homme armé devant la porte ? M. de Tonnancour lui dit : " C'est un factionnaire pour Votre Excellence," alors il sortit à la porte, appela le factionnaire et lui dit : Voila le premier canadien que j'ai l'honneur de voir sous les armes, il tira de sa poche deux guinées et lui en donna une pour lui et l'autre pour ses compagnons de garde. Si toutes les factions avaient été payées sur ce pied là, ils auraient monté la garde avec plus de courage qu'ils n'ont fait.

Le 7 de septembre M. le général partit pour Montréal et eut la douleur de voir que plus il s'avançait par en haut, plus il trouvait les habitants opposés à ses dessins.

Le 8 on fit un commandement tant dans les villes que dans les coffes pour aller au fort St. Jean ; mais les paroisses de Chambly s'étant mis du côté des Bostonnais firent annoncer dans toutes les autres paroisses de ne point prendre les armes contre les Bastonnais, que ces gens là venaient pour nous tirer d'oppression, le peuple canadien crédule quand il ne faut point, donna dans le sentiment des paroisses de Chambly et presque tout le gouvernement des Trois-Rivières refusa de marcher, à l'exception de quelques volontaires des paroisses de la Rivière du Loup, Machiche et Masquinongé, les paroisses de Nicolet, Bécancour, Gentilly et St. Pierre l'Ebequet n'en fournirent pas un seul, malgré les remontrances qu'on leur faisait, tout était inutile.

Sept. 10 — Aujourd'hui M. de Tonnancour fils ainé et M. Bellefeuille enseigne de la milice avec une douzaine d'hommes de la ville et de la pointe du lac, sont partis pour se rendre à St. Jean où sont déjà rendus plusieurs messieurs volontaires du Montréal, ce même jour, M. Champlain ayant refusé de marcher, a chanté la grand messe et les vêpres dans le corps de garde parceque c'était le dimanche.

Sept. 12 — Nous apprenons par le courrier de Montréal, qu'un détachement de volontaire sous la conduite de M. de Longueuil qui était allé en découverte, a été surpris par l'ennemi, un nommé Perthuis, interprète des sauvages y a perdu la vie et M. le Chevalier La Bruyère y a eu les deux bras cassés.

22. — L'on nous apprend de Montréal que les Bastonnais et les habitants de Chambly ont bloqué le fort St. Jean et qu'ils se sont emparés de plusieurs voitures chargées de vivres, hardes et amunitions ; que la garnison du fort ayant été informée de cela, fit une sortie sur les Bastonnais, les repoussèrent vigoureusement et prirent plusieurs prisonniers entre lesquels se trouva M. Massesazen du 44ᵉ régiment avec son domestique ; nous avons perdu dans cette occasion, M. Beaubien, de Québec, et un nommé Tessier, de la Pointe du Lac y a été blessé.

Le 26 de ce mois les Bostonnais et Canadiens, de Chambly, au nombre de 200, se rendirent à la Longue Pointe à environ une lieue de la ville de Montréal pour tenter à surprendre cette ville et en avoir le pillage ; mais la noblesse et la bourgeoisie avertis de leur démarche, sortirent avec une intrépidité sans pareille et donnèrent sur l'ennemi et le repoussèrent très vigoureusement ; firent 30 prisonniers parmi lesquels se trouva le colonel Etan Allan et 20 où 25 canadiens de Chambly qui furent menés à Montréal et ensuite remis dans les bâtiments, les fers aux pieds et aux mains. Les Royalistes ont perdu dans cette action, le capitaine Carder, ci-devant du 8ᵉ régiment ; M. Paterson, blessé à mort, M. Beaubassin y a été blessé légèrement. Les Bostonnais se dispersèrent dans le bois ; sans quoi ils auraient tous été prisonniers.

Le 27, je fus de garde volontairement et le sergent me fit l'honneur de me faire caporal de poste, je laisse à penser si j'étais content d'avoir cette charge, n'ayant jamais été que simple soldat, comme nous étions obligés de faire la patrouille d'heure en heure, quand je fus de retour vers sur les onze heures, il partit un autre détachement pour faire le tour de la ville, mais nous apercevant qu'il tardait de revenir et qu'il était temps de relever les factions, M. de Troust, officier de garde et moi, nous partîmes pour aller voir où ils étaient, en passant devant chez Macbean, nous entendîmes parler, nous prétâmes l'oreille au contrevent en l'entrouvrant un peu, et nous vîmes que nos gaillards faisaient la patrouille à pleins verres, ne craignant point d'ennemis ; ils revinrent un moment après nous, avec chacun une bouteille de vin dans le ventre de leur propre aveu ; la nuit fut très belle.

Sept. 2. — Au commencement de ce mois, nous fûmes plusieurs personnes chez M. St. Onge, grand vicaire, pour le prier de nous accorder quelques prières publiques, ce qu'il fit très volontiers, il ordonna même que les reliques de St. Clément et St. Modeste qui reposaient dans notre église, seraient descendues, vu qu'on avait plusieurs fois reçu des preuves évidentes du crédit que ces grands saints ont auprès du Seigneur, ainsi elles furent descendues, et on fit une procession où elles furent portées par M. le Grand-Vicaire et le Révérénd Père Isidore, curé de cette ville, nous partîmes de la paroisse en chantant l'hymne *Sanctorum meritis*. Nous nous rendîmes chez les Pères Récollets, de là, nous fûmes chez les Dames Ursulines, où, après que les religieuses eurent chanté quelques motets, M. le grand vicaire entonna le *Te Deum* que nous chantâmes en retournant à la paroisse, y étant arrivés, nous reçûmes la bénédiction du très St. Sacrement et nous fûmes avertis que l'on ferait une neuvaine dont cette procession était l'ouverture. Pendant toute la neuvaine le monde a été fort assidu à la messe et aux saluts, il s'y trouvait de très-bons chrétiens, mais combien y en avait-il d'autres? J'ai ouï dire moi-même à plusieurs personnes sortant de l'église, qu'elles y allaient, mais c'était pour prier Dieu que les Bastonnais gagnassent. Voilà le point jusqu'où on a poussé l'irréligion et puis doit-on être étonné si Dieu appesantit sa main sur cette misérable province ; après la neuvaine finie, nous fûmes remercier M. le grand-vicaire qui nous reçut très favorablement.

Le 8.—Mr. le général envoya des ordres dans toutes les paroisses pour faire commander quinze hommes par cent ; elle refusèrent presque toutes principalement la paroisse de Nicolet ; le capitaine vint faire son rapport à M. de Tonnancourt, colonel, il m'envoya chercher, j'y fus, il me demanda si je voulais aller avec Mr. son fils chevalier, pour faire entendre aux habitants de Nicolet la teneur de l'ordre de M. le général : je lui dis que j'irais volontier ; on nous fit préparer aussitôt un canot et nous partimes Comme le vent était extrêmement fort sud-ouest, nous débarquâmes un peu plus haut que Ste. Thérèse et nous allâmes à pied jusqu'à Nicolet, non sans beaucoup de peine, car il nous fallut traverser des marais qui étaient très profonds, nous passâmes sur des arbres, tantôt un pied sur l'arbre, tantôt dans l'eau, tout cela ne nous coutait point pourvu que nous vinmes à bout de notre embassade. Etant arrivés à Nicolet, nous allames en droiture au presbytère croyant y trouver M. le curé, mais il était à St. François et ne fut de retour que sur les 4 heures, cependant la fille de chez lui nous fit à diner et nous mangeames, pendant que les sergents avertissaient les habitants de s'assembler, ils furent chez plusieurs qui les envoyèrent au diable, d'autres ne voulurent point y venir, de manière que nous eumes très peu d'assistants à notre prédication.

Néanmoins nous commençâmes notre Harangue en leur disant que nous n'étions pas venus dans le dessein de les commander, que nous n'en avions pas le pouvoir ; que ce n'était que par amitié pour eux que nous étions venus leur faire voir le tort qu'ils avaient de désobéir aux ordres d'un si bon maître ; et que leur religion leur ordonnait d'être fidèles au Roy, qu'ils en avaient piêté le serment et que s'étaient à eux à le soutenir ! Que l'ordre de M. le Général déclarait rebelles ceux qui refuseraient aux ordres et qu'ils seraient punis comme tels, et que la punition d'un rebelle était la potence : Que nous aurions été fachés d'en voir quelques uns d'entre eux à subir cette punition ; que c'était la seule chose qui nous avait décidée à les aller représenter. Enfin après bien des débats entre les uns et les autres, il y en eut 10 qui se décidèrent à venir avec nous ; nous profitames de leur bonne volonté et nous demandâmes le grand canot de M. Brassard curé, qui nous le prêta volontiers, mais il ne voulut pas nous laisser partir sans souper ; nous nous mimes à tables et nous mangeames un peu à la hâte crainte que nos gens ne changeassent de sentiment ; après le souper nous remerciames M. le curé et comme nous étions sur le bord de l'eau prêts à embarquer, nos jeunes gens se jetèrent aux genoux de leur curé et lui demandèrent sa bénédiction, qu'il leur donna, nous pousçames au large en poussant plusieurs cris de joie ; il y en avait quelques uns qui pleuraient ; d'abord que nous fûmes sur la grande rivière, nous récitames les Litanies de la Ste. Vierge et après l'oraison *gratiam tuam*, nos guerriers se mirent à chanter jusqu'à la ville où nous arrivâmes à 10 heures du soir, les cris de joie de nos jeunes gens firent sortir tout le monde qui était dans les maisons du bord de l'eau, après notre arrivée, je fus avec M. le chevalier de Tonnancourt rendre compte de notre mission, puis je fus me coucher.

Le 10.—Le détachement composé de 67 hommes du gouvernement des Trois-Rivières, commandé par M. de Lanaudière fils et M. Godfroi de Tonnancour fils, partit de cette ville pour se rendre à Montréal. Ce même jour est passé un batiment venant de Montréal où sont les prisonniers Bastonnais et Canadiens qui ont été pris dans l'action du 26 du mois dernier près la ville de Montréal.

Le 12.—Ce matin a 6 heures sont arrivés M. Leproust officier de Milice et Joseph Balvin milicien du dit détachement qui est parti avant hier nous apprirent que les habitants de la paroisse de Chicut sous les ordres d'un nommé Mertel qui était capitaine de la paroisse les avait arrêté dans le bois entre Bathelier et Chicut, où ils attendaient depuis trois jours ; qu'après les avoir arrêtés ils avaient désarmé Messieurs Lanaudière et Godefroy de Tonnancourt et les av it faits prisonnier, ensuite les ont mené chez Buron capitaine de St. Cuthbert, où se trouva par chance **M.** Fauget curé qui sollicita si fort auprès de M. le capitaine Mertel qu'il obtint enfin leur élargissement, ce qui devait être mortifiant pour nos messieurs c'est qu'après qu'ils furent faits prisonniers, toutes les femmes qui se trouvaient sur les chemins par où ils passaient criaient à leurs maris, certes vous avez fait bonne chasse aujourd'hui, et cela en dérision. M. Le Proust dit qu'étant chez Buron à prendre un coup de vin, le capitaine Mertel lui demanda qui êtes vous ; il lui fit réponse, je suis officier du Roy. Eh ! bien reprit Mertel foutez votre camp d'ici, et sans lui donner le temps de prendre un second verre de vin, il le prit par le bras et le mit à la porte. Il regrettait bien son verre de vin, ayant beaucoup d'attention, mais il fut très satisfait de l'avoir laissé et d'être hors des mains de M. Mertel. Je ne sais si c'est la peur ou la fatigue qui avait si fait changé nos arrivants, mais je puis assurer qu'ils étaient bien blêmes quand je les rencontrai au bord de l'eau.

Le 13, M. Godefroy de Tonnancourt est arrivé en cette ville du chicot, le même jour est arrivé le courrier de Québec qui nous annonce qu'il est arrivé une frégate de 64 pièces de canon avec quantité de monde ; dans le même moment, M. Daine, officier dans les Royaux émigrants est arrivé qui nous apprend que le colonel Maclean est à Champlain avec sa troupe. Le 14, le colonel Maclean est arrivé en cette ville avec son monde ; il fut question de faire un nouveau commandement, et je fus avec M. Godefroy de Tonnancourt porter les ordres au capitaine du cap la Magdeleine pour les faire passer jusqu'à Ste. Anne. Comme plusieurs personnes de ceux qui étaient commandés en cette ville refusaient de marcher, le colonel Maclean ordonna un commandement général et M. Pratt sergent major le fit si général qu'il n'y admit seulement pas les personnes qui en sont exemptes par leurs charges publiques, ce qu'il fit qu'il vint à huit heures du soir m'ordonner de me trouver le lendemain sur la Place d'Armes avec mes armes. Je lui fis réponse qu'elles ne me seraient pas d'un grand secours, car je n'avais pour toute arme, qu'un canif qui avait la pointe cassée, néanmoins il m'ordonna de m'y trouver, mais comme le colonel Maclean me fit partir pour Québec dans la nuit, je fus exempt de cette apparition que je n'aurais pas faite quand bien même je serais resté.

Le 15.—Le parti du colonel Maclean et les gens des Trois-Rivières sous le commandement de M. Godefroy de Tonnancourt, partirent de cette ville pour se rendre à Sorel, et le colonel avec M. le Chevalier de Tonnancourt et quelques émigrants, fut à Nicolet pour soumettre les habitants de cette paroisse qui refusaient de marcher.

Y étant arrivé, il apprit qu'un nommé Rouillard s'opposait fortement à ce que quelques-uns des habitants marchassent. Il s'y transporta avec M. de la Noudieu, M. le chevalier de Tonnancourt et quelques soldats ; quand il fut à la maison il n'y trouva que la femme, les hommes ayant eu soin de se cacher ; il demanda où était son mari et son fils, elle répondit qu'elle n'en savait rien ; eh bien, dit le colonel, si vous ne me dites pas où est votre mari et votre fils, je vais mettre le feu à votre maison, elle lui répondit : eh bien mettez, pour une vieille vous m'en rendrez une neuve, alors le colonel ordonna d'allumer le feu, quand elle vit le feu au pignon de sa maison, elle en sortit et courut vers le bois en criant : *St. Eustache, préservez-moi du feu, voici une bande de bougres qui veulent me faire brûler.* Le colonel voyant qu'il ne retirait aucun succès de faire brûler cette maison, ordonna de l'éteindre, ce qui fut aussitôt fait. Il s'en retourna au presbytère où il fut averti que les habitants (sur la nouvelle qu'on voulait les faire brûler) s'étaient tous assemblés dans une isle avec leurs armes, il partit aussitôt pour s'y rendre avec M. de la Renaudiére et M. le chevalier de Tonnancourt avec quelques soldats émigrants, quand ils furent arrivés au vis-à-vis de l'isle où étaient les habitants, ils ne trouvèrent rien pour traverser qu'un petit canot de bois dans lequel M. le colonel Maclean s'embarqua avec M. de La Naudière, M. le chevalier de Tonnancourt, traversa à gué et à son exemple, le reste du parti en fit autant, lorsque les habitants s'aperçurent que le colonel et son parti traversaient, ils donnèrent des marques de leur bravoure, car sans donner à nos gens le temps de traverser, ils se mirent à courir dans le bois comme si le diable leur avait promis cinq sols ; il y a tout lieu de présumer qu'ils courent encore ; car on en voit aucun dans cette ville depuis cette action si glorieuse à la paroisse de Nicolet ; comme il était tard, le colonel ne jugea pas à propos de les poursuivre, il s'en revint au presbytère, de là, il continua sa route pour se rendre à Sorel.

Le 20.—Nous apprenons que les paroisses de Chambly ont offert leurs services au Colonel Maclean, Dieu veuille que ce soit vrai.

Le 24.—Les nouvelles de ce jour sont bien différentes de celles du 20, car l'on dit que plusieurs canadiens des paroisses do Chambly ont été au camp du colonel Maclean sous prétexte de lui prêter la main, mais qu'après avoir été armés par le colonel Maclean ils étaient désertés au camp des Bastonnais ; ce qui est de plus triste, c'est qu'on nous assure qne les gens même du parti du colonel Maclean désertent tous les jours, si la chose est telle, nqus avons tout lieu de craindre pour notre pauvre province.

Le 28.—Nous apprenons que le Général Carleton, le colonel

Prescott et les Montréalistes ayant voulu faire une descente à Longueil, ils y avaient été repoussés par les Bastonnais et que Mr. J.-Bte. Despins et un nommé Lacoste perruquier de Montréal y ont été faits prisonniers.

Le 29.—Aujourd'hui, il est arrivé des gens du parti du colonel Maclean qui disent que le colonel ayant voulu passer par St. Denis pour aller à St. Jean, qu'il avait trouvé le pont démanché ce qu'il l'a obligé de faire sa retraite à Sorel.

N^bre 2.—Les gens des Trois-Rivières qui étaient restés les derniers avec le colonel Maclean viennent d'arriver en cette ville, ils disent que le colonel voyant la désertion de son monde avait été contraint de lever le camp, qu'il avait fait embarquer tous les canons à bord des bâtiments et qu'il avait fait briser les affûts et autres ustensils de guerre.

Le 5.—Nous apprenons aujourd'hui la rédition du fort St. Jean aux Bastonnais.

Le 8.—Aujourd'hui est descendu le colonel Maclean avec le reste de sa troupe dans les bâtiments d'Etienne Papillon, avant que de débarquer du bâtiment, il a envoyé un bateau pour savoir s'il y avait des Bastonnais en cette ville ayant été averti qu'il n'y en avait point il descendit avec quelques-uns de ses officiers et soldats, il a fait embarquer toutes les vivres du roi, les fournitures de caserne et même a fait prendre jusqu'à la poudre des marchands.

9.—Voyant qu'il n'y avait plus d'espérance ni de ressources pour nous, nous nous assemblâmes dans la maison des Révérends pères Récollets pour délibérer sur le parti le plus avantageux à la conservation de nos biens ; il fut décidé que n'ayant aucune force ni munition et ne pouvant espérer de pouvoir faire une capitulation que l'on députerait deux personnes vers M. de Montgomery qui seraient porteurs d'une requête conçue en ces termes.

" Humble adresse à son Excellence le Général de Montgomery,
" supplient très-humblement les citoyens de la ville des Trois-
" Rivières qu'il vous plaise d'exposer à votre Excellence, que depuis
" quelques jours ils s'attendent à voir arriver dans leur ville un
" détachement de troupes qui ont l'honneur d'être sous vos ordres
" et que dans l'incertitude où ils sont si votre excellence serait en
" tête ; ils osent vous supplier de vouloir bien ordonner qu'ils
" fussent traités aussi favorablement que ceux qui ont tombé entre
" vos mains dans le cours de vos différentes conquêtes.

" C'est pourquoi les suppliant espèrent que votre excellence
" voudra bien ordonner à l'officier commandant qui prendra pos-
" session de cette place; de donner ses attentions pour que ses
" soldats ne fassent aucunes insultes ni troubles dans la propriété

" de leur biens et dans la jouissance de leurs intérêts particuliers
" ainsi que leur santé personnelle.

" Connaissant les sentiments d'honneur et d'humanité insépa-
" rables de votre personne les suppliants ont tout lieu d'espérer la
" grâce qu'ils vous demandent avec le respect qu'ils ont l'honneur
" de se dire très sincèrement de votre Excellence les très-humbles
" serviteurs."—21 *Signatures*.

Après que cette requête fut signée, on me nomma pour être un
des députés, je remerciai l'assemblés de la confiance que les per
sonnes qui la composaient avaient en moi, mais je leur remontrai
qu'il m'était impossible d'entreprendre ce voyage dans le temps où
mes affaires ne me le permettaient pas ; que j'étais obligé de partir
dès le lendemain pour aller à la Rivière du Loup retirer les rentes
des dames Ursulines, que si cela se fut rencontré dans un autre
temps de tout mon cœur je l'eus accepté. Enfin on nomma messieurs Pierre Baby et Guillaume Morris, auxquels il fut enjoint par
l'assemblée de partir incessament, et à cet effet nous fimes un
passe-part conçu en ces termes :

" Nous soussignés, certifions que Messieurs Guillaume Morris et
" Pierre Baby de la ville des Trois-Rivières ont été nommés par un
" comité des principaux citoyens de cette dernière ville, pour
" députés, à l'effet de se transporter vers son Excellenco le Général
" de Montgomery ou autres commandants des forces américaines.
" Nous prions tous les officiers des premiers postes de vouloir bien
" laisser passer les dits députés et de leur procurer les voies les
" plus courtes pour se rendre au lieu où sera son Excellence Mont-
" gomery ou autres commandants des dites forces, étant les dits
" députés chargés d'une représentation de la part du dit comité.

" Fait aux Trois-Rivières le 9 Novembre 1775."—15 *signatures*.

Messieurs les députés devaient partir le soir, mais ne pouvant
avoir des chevaux ils remirent au lendemain matin, cependant M.
Baby ayant changé de sentiment ne voulut point partir qu'on eut
fait une somme pour son voyage, ainsi les affaires restèrent en cet
état jusqu'à 18 du mois, jour auquel je suis parti pour Montréal,
comme je le dirai ci-après.

N'y ayant rien d'intéressant depuis le 7 jusqu'au 17, je passe
tous ces jours sous silence. Ce jourd'hui 17 de novembre est arrivé
en cette ville sur les midi M. le Général Carleton, accompagné de
M. le Chevalier de Niverville et de M. Lanaudière fils, ils étaient
en berge et conduits par le capitaine Latourtre ; [1] en débarquant au
port M. le Général ayant fait rencontre du sieur Malcolm Fraser,

---

1 C'est le surnom du capitaine Bouchett.

lui demanda si les Yankees étaient venus jusqu'ici ? celui-ci lui fît réponse que non, mais que l'on avait appris qu'ils étaient à la pointe aux Trembles près de Québec, M. Maillet en allant lui rendre sa visite lui annonça qu'il y en avait 600 à Machiche qui ne tardaient que le moment d'arriver ; M. le Général dina et partit sur les trois heures, espérant marcher toute la nuit et se rendre à Québec sans dangers, que Dieu le veuille.

Le 18 en montant à la haute-ville je m'aperçus que les citoyens anglais tramaient quelque chose entre eux, je fis mon possible pour savoir ce que c'était ; après bien des pas et des démarches, j'appris qu'ils avaient fait faire une requête pour envoyer au géné-ral Montgomery en leur nom ; alors craignant que si cette requête fut présentée sans qu'il parut un seul canadien, que cette division aurait pu causer du trouble dans cette ville ; je fus incontinent chez le sieur Morris et lui demandai pourquoi est ce que notre requête n'était pas rendue ; il me dit que M. Baby n'avait pas voulu partir sans argent ; eh bien si c'est la raison, je suis prêt à partir avec vous et j'espère que le public n'ira pas au contraire de nous rembourser quand nous serons de retour, il y consentit ; et nous partîmes à midi de cette ville ; nous fîmes rencontre à la première rivière d'un courrier de Québec allant à Montréal de la part des Bastonnais, avec qui nous avons fait route tant en montant qu'en descendant ; en arrivant à Machiche nous rencontrâmes un cour-rier Bastonnais, qui descendait, étant à cheval et ayant une cara-bine en baudouillère, il s'arrêta à nous, et nous demanda s'il y avait quelques nouvelles à Québec, (pensant que nous en venions) nous lui dimes que non, nous lui demandames les nouvelles d'en haut, il nous dit que la ville de Montréal était rendue et qu'ils espéraient avoir bientôt les batiments dans lesquels était le géné-ral Carleton, nous le laissâmes dans cette persuation sans lui dire que le général était passé, nous fûmes très satisfaits de voir qu'il se trompait ; nous allâmes coucher à Maskinongé malgré les mauvais chemins ; le lendemain 19 nous continuâmes notre route, jusqu'à Berthier oú nous fûmes arrêtés par les braves canadiens qui nous conduisirent à deux maisons plus haut où était le capi-taine Merlette, on nous fît descendre de nos calêches pour rendre nos respects à M. l'officier commandant, (qui était Martel) nous entrâmes dans la maison pour demander ses ordres ; mais appa-remment que Monsieur avait veillé tard, car nous le trouvâmes au lit qui dormait ; un de ses gardes fut l'éveiller, il vint en se frot-tant les yeux et demanda ce qu'il y avait de nouveau, on nous présenta comme des personnes qui allaient à Montréal avec des dépêches pour le Général Montgomery, alors il nous permit de passer mais avant que de partir il nous fit prendre chacun un coup de rhum et nous eûmes l'honneur de trinquer avec lui ; nous partimes donc de Berthier pour nous rendre à Montréal dans la journée, mais étant arrivé à la Valterie on nous arrêta encore une fois pour prendre les ordres du Colonel Eston ; nous y allâmes et fûmes très bien reçus du Colonel et des autres officiers, il nous fit des excuses de ce qu'on nous avait arrêté ; mais comme il avait envoyé le major Brasin en embassade aux batiments ; il nous pria de vouloir bien attendre son retour pour en porter les nouvelles au Général Montgomery nous restâmes donc environ deux heures ; pendant ce temps là on parlait d'affaires ; les officiers demandèrent au courrier de Québec qu'est ce que les Canadiens d'en bas disaient ? celui-ci leur dit qu'ils étaient tranquilles et qu'ils ne voulaient point se mêler dans la querelle ; les officiers repartirent : tant mieux si les Canadiens ne s'en mêlent pas nous sommes en pied ; nous les enjolerons pendant quelque temps ; ils ne savaient pas que j'étais Canadien car je pense qu'ils auraient retenu ce terme " d'enjoler." A la fin le major Brassin arriva des batiments qui apporta que le Colonel Prescott étant prêt à se rendre à condition qu'il seraient mené à Québec avec sa troupe, le Colonel Eston rejeta la proposition disant qu'il ne cherchait que ce qui appartenait au roy, qu'ainsi si sous quatre heures les batiments ne se rendaient qu'il les ferait prendre à l'abordage. Après le conseil fini on nous donna notre congé et nous ne pûmes aller plus loin qu'a Arpentigni où nous couchâmes. Le 20 nous partimes d'Arpentigny en traines pour aller à la pointe aux Trembles où nous arrêtames environ une demi heure pour déjeuner, on nous prit pour des Bastonnais et on manquait pas que de nous faire beaucoup de compliments et de remerciments de ce que nous étions venus (disaient-ils) pour leur accorder la liberté. Quand nous eûmes fini de déjeuner, je tirais une piastre et dit à l'hotesse payez vous de ce que vous avez eu, elle prit cette piastre, la tenant dans deux doigts elle la montrait à toutes les personnes qui étaient dans la maison en leur disant : Voyez vous comme ces messieurs les Bastonnais n'ont point d'argent, on voulait nous faire entendre qu'ils n'avaient que des billets, en voici la preuve, regardez s'ils nous parlent de papier, ils paient en bon argent, nous les laissâmes dans la persuasion que nous étions Bastonnais et que nous avions beaucoup d'argent.

Nous arrivâmes à Montréal comme l'angelus sonnait, nous fûmes en droiture chez M. de Montgomery, auquel nous fûmes présentés, nous le saluâmes et lui remîmes la requête dont nous étions chargés, il en fit la lecture, après quoi il nous dit qu'il était bien mortifié de ce que nous étions venus de si loin, que nous ne devions point craindre que ses troupes nous fissent aucun tort; nous lui repartîmes que notre crainte n'était pas de sa troupe mais bien des canadiens qui descendraient avec elle; il nous dit, s'il y a quelques canadiens quand je descendrai, je saurai donner mes ordres pour la tranquilité des citoyens de votre ville, je vais vous donner une réponse par écrit; en voici les termes traduits de l'anglais : Messieurs.

Je suis très mortifié que vous soyez dans quelque appréhension de votre propriété, je suis convaincu que les troupes du continent ne seront jamais ternies d'aucune imputation d'oppression. Nous sommes venus pour conserver et non pour détruire. Si la providence continue de favoriser nos travaux, cette province sera sous peu un heureux gouvernement libre. J'ai l'honneur d'être, Messieurs, votre très humble serviteur. Rich. Montgomery, Brigadier Génl., à Montréal, le 20 Sept., 1775.

Ayant reçu cette réponse nous prîmes congé de son Excellence et partîmes aussitôt de Montréal pour venir coucher à la Pointe aux Trembles, où étant rendus vers les onze heures du soir, nous rencontrâmes le colonel Eston, qui nous fit beaucoup d'amitié et même nous fit part de la capitulation que les batiments avaient fait en se rendant; nous y trouvâmes aussi M. Walker qui sortait des batiments où il avait été détenu prisonnier, les fers aux pieds et aux mains, on nous fit beaucoup d'accueil dans la maison où nous étions parceque nous parlions l'anglais, ils pensaient que nous étions Bastonnais, il n'y avait rien de trop cher pour nous.

21.—Enfin le 21, nous avons été de retour aux Trois-Rivières; nous avons donné communication de la réponse de M. de Montgomery, tout le public a été satisfait, mais il s'en faut de beaucoup que je le suis moi, car on ne se presse guère à me rembourser l'argent que j'ai dépensé dans ce voyage; cependant, je n'en suis pas absolument inquiet, parce que je trouverai un moyen pour m'en faire rembourser.

Depuis notre arrivée, nous attendons de jour à l'autre la passée des Bastonnois qui doivent descendre à Québec pour en former le siége; cependant, bien que des personnes pensant que la saison est trop avancée pour une pareille entreprise; néanmoins, les Bastonnais sont descendus dans les batiments qu'ils ont pris le 20 de Novembre et sont passé devant cette ville au commencement de Décembre. M. Price, marchand de Montréal, et à présent un membre du congrès, a débarqué pour faire acheter du rhum, des couvertes, des bonnets et autres articles nécessaires à la troupe. M. Montgomery a passé tout droit dans un batiment.

Quelques jours après la passée des bâtiments, il est arrivé ici une soixantaine de canadiens dans un Bogalet et d'autres par terre, commandés par le capitaine Loiseau, le lendemain qu'ils furent arrivés, M. Loiseau fut dans presque toutes les maisons (que l'on savait être Royalistes) pour ôter les armes, ayant été chez M. de Tonnancourt, il n'y trouva qu'un couteau de chasse et un vieux canon de pistolet qu'il prit ; de là, il fut chez M. de Niverville, lui prit deux ou trois fusils ; chez M. Cressé, une épée à poignée d'argent, chez M. Leproust, deux fusils, je fus avertis de cette recherche, je mis mon fusil, ma corne et mon sac à plomb à sureté, mais ce fut inutilement, ils ne vinrent point chez moi. Le soir, M. Loiseau étant à parler avec quelques personnes de cette ville (que je ne nommerai point pour leur épargner la peine et la honte d'une si noire trahison) lui dirent qu'ils étaient sûrs que Mr. de Tonnancourt avait d'autres armes et qu'il avait même de la poudre cachée : eh bien, dit le sieur Loiseau, j'y retournerai demain et si je ne trouve pas les fusils et la poudre je ferai piller chez lui, par ces paroles il mit ces personnes au comble de leur joie, qu'ils ne demandaient pas autre choses ; mais grâce à la providence les choses n'ont point été au point qu'ils désiraient.

Le 4 de décembre j'appris que M. de Gugy avait été pris par les intrigues du sieur Larau de la Rivière du Loup, le lendemain comme je montais la haute ville je fis rencontre de M. Gugy ; je lui demandais s'il était vrai qu'il avait été arrêté, il me dit que oui ; il me pria d'aller avec lui chez M. Hart, que M. Larau devait s'y trouver pour prouver les faits qu'il avait avancé contre lui, je m'y transportais avec Mr. Bancin, un instant après que nous fûmes entrés, le sieur Larau arriva, M. Livingston colonel des Canadiens, demanda au dit Larau quels étaient les grief qu'ils avaient contre M. Gugy ; il commença par déployer un paquet de papiers rempli de sottises les plus atroces, disant que Mr. Gugy avait forcé les Canadiens à marcher contre les Bastonnais, qu'il les avait menacé de les faire fouetter s'ils ne voulaient marcher : qu'il avait dit que les Bastonnais étaient une bande de gueux ; que Dugand était un coquin et Levingston un banqueroutier qui s'était mis du côté des Bastonnais pour ne point payer ses dettes ; Mr. Gugy repartit qu'il avait dit que M. Gugand était un perruquier et qu'il le disait encore, tout le monde le sachant bien, que pour ce qui était de M. de Livingston on ne le connaissait pas assez particulièrement pour avoir dit les choses qu'on imputait.

M. Levingston dit au sieur Larau qu'il pouvait bien se dispenser d'insérer dans ses écrits ce qui le regardait en particulier, qu'il regardait cela au-dessous de lui, que pour ce qui était du reste on ne voyait pas cause légitime à faire arrêter M. Gugy ; il dit au sieur Larau de se tenir tranquille qu'il n'avait pas besoin de son service et qu'il ne devait point agir de la sorte, et donna à M. Gugy un écrit pour faire publier à la porte de l'Eglise et donner à connaître au public le caractère du sieur Larau. Ainsi M. Gugy fut déchargé des fausses imputations faites contre lui.

Depuis ce temps là jusqu'à la fin du mois il a passé des Bastonnais et Canadiens qui vont à Québec.

Nous avons appris diverses fois que Mr. de Montgomery avait sommé Mr. Carleton à se rendre, ce qu'il avait toujours refusé, qu'il s'était même adressé aux bourgeois de la ville de Québec pour lui faciliter l'entrée, ce qui lui fut pareillement refusé, enfin ne trouvant aucun moyen pour entrer dans la ville, il forma l'escalade le premier jour de l'an 1776 à quatre heures du matin, mais tout le succès qu'il en a retiré c'est d'aller dans l'autre monde chercher les étrennes de cette nouvelle année accompagnée de plusieurs officiers et soldats. On nous rapporte qu'il y a eu 420 prisonniers de fait dans cette action, les royalistes n'ont perdu que deux hommes. Depuis cette époque, il monte des Bastonnais et Canadiens qui s'en retournent les uns la tête bandée, les autres le bras en écharpe ; j'ai fait rencontre d'un Bastonnais qui me dit qu'il avait laissé le bout de son pouce dans Québec et qu'il était bien content de n'en avoir pas laissé plus long.

Janvier 1776. Le Général Woster a fait publier une ordonnance pour empêcher de parler contre le congrès sous peine d'être transporté hors de la province ; cette ordonnance a été publiée à la porte de l'Eglise le 14 de janvier.

Tous les jours on nous annonce qu'il monte quantité de Bastonnais du continent pour aller à Québec ; les cœurs Bastonnais, ou pour mieux dire les Congréganistes sont bien contents de ces nouvelles ; mais cependant voilà la fin du mois de Janvier, et il n'est encore arrivé qu'une brigade. Dans le cours de ce mois, le frère Alexis, Récollet, au couvent de Québec, est arrivé dans cette ville, il nous assure que les gens de Québec ne manquent point de vivres et très peu de bois ; il a été pris prisonnier ici par M. Price, sous suspicion ; deux autres frères qui étaient sortis avec lui de Québec ont été aussi pris et on les a mené tous trois à Montréal.

Le 8 Février, il est arrivé en cette ville un détachement pour en prendre possession, sous le commandement du capitaine Guillaume Duforth et M. Macdugal sous lieutenant. Le 9, ils ont été préparer les casernes et s'y sont logés le même jour.

Le 10, le capitaine Guforth m'envoya chercher pour le prier de lui traduire en français une publication qu'il fit publier à la porte de l'église le 11, qui était un dimanche. Il en envoya dans chaque paroisse ; cette publication ordonnait à tous les officiers de milice de remettre leurs commissions qu'ils avaient reçu du général Carleton ; et défendait de vendre des boissons au détail sans une license du général David Wooster.

Le 12, les officiers de milice de cette ville furent remettre leurs commissions au commandant.

Le 13, M. le commandant voyant que M. de Tonnancourt n'avait pas encore remis sa commission de colonel, lui envoya son lieutenant, M. Macdugall avec une lettre de sa part, adressé à M. de Tonnancourt, par laquelle il lui faisait de grands compliments, et lui disait à la fin qu'il envoyait son lieutenant pour recevoir sa commission et qu'il espérait qu'il ne refuserait point de la remettre. Comme était écrite la lettre et en anglais et que le lieutenant n'entendait pas le français, M. de Tonnancourt m'envoya chercher pour les interprêter ; quand j'eus expliqué la teneur de la lettre, M. de Tonnancourt lui fit réponse qu'il ne croyait pas être obligé de rendre sa commission, attendu que c'était une chose qui lui appartenait et faisait partie de sa propriété ; qu'au surplus M, de Montgomery avait promis de maintenir tous les cytoyens dans leur propriété (comme il parait par sa réponse aux pages   ) M. Macdugal dit que tels étaient ses ordres et qu'il allait en donner avis à M. le commandant. M. de Tonnancourt fit mettre un cheval à une carriole et s'embarqua avec le lieutenant pour aller chez M. le commandant, M. le chevalier de Tonnancourt et moi les suivirent. Nous allâmes au château où logeait le capitaine Guforth. En arrivant, M. de Tonnancourt me fit dire au commandant qu'il était bien mortifié de la peine qu'avait eu M. Macdougall en venant lui demander sa commission, que s'il avait pensé que c'eut été une chose de droit, il l'aurait apporté lui même, mais que ne croyant pas être obligé de se dénantir d'une commission qui lui faisait honneur, il s'était tenu tranquil. M. le commandant lui fit réponse qu'il avait des ordres positifs du général Wooster pour les retirer et qu'il ne pouvait s'en dispenser sous aucun prétexte. M. de Tonnancourt voyant qu'il en pouvait rien gagner malgré toutes les raisons qu'il alléguait, lui dit, eh bien, monsieur, comme je suis d'un âge trop avancé pour faire le voyage de Montréal, voici mon fils que je veux faire partir pour aller représenter mes raisons au général ; le commandant le refusa et lui dit, qu'il fallait qu'il y fut lui-même en personne, parce qu'il était assuré que le général ne le dispenserait pas de les remettre, et que s'il s'opiniatrait, qu'il le ferait passer au congrès, il lui accorda deux fois 24 heures pour se décider soit à partir, ou à remettre sa commission au commandant. Dans cet interval, il vint des temps abominables par la neige et le grand froid, ce qui occasionna M. de Tonnancourt à remettre sa commission au commandant, ne pouvant avoir un plus long délai.

Le 18, M. le commandant convoqua une assemblée pour faire l'élection de nouveaux officiers de Milice, ce fut à la sortie de la Ste. Messe, comme je n'avais aucune affaire dans cette assemblée, je me rendis chez moi ; je n'y fus pas plus tôt rendu, que je vis un envoyé du commandant qui me faisait prier d'aller au château pour faire l'assemblée. Je ne pus le refuser, principalement dans les conjectures où on était, j'y fus et aussitôt on ouvrit l'assemblée ; toutes les personnes qui étaient présentes, demandaient que M. Laframboise fut continué capitaine, ce qui leur fut accordé, ensuite on nomma M. Charles Louval lieutenant et M. Pierre Baby enseigne, et trois sergents, après quoi il fut question d'en nommer un pour la banlieue. Le Sr. St. Pierre qui l'avait toujours été dit qu'il n'était plus d'âge à servir en cette qualité, qu'on pouvait remettre cette charge à un autre. M. Baby prit la parole et lui dit : comment, vous avez servi le roi de France, le roi d'Angleterre, et vous refusez de servir le congrès, ne vaut-il pas autant comme eux ? Une pareille sottise n'eut pas grande approbation, car personne ne souffla, il se trouva contraint de l'applaudir lui-même. Après l'assemblée j'eus l'honneur d'être invité à diner avec M. le commandant, son lieutenant, M. Laframboise, Mrs. Leproust et Bellefeuille fils et Freeman ; nous nous rendîmes chez M. Sills, où nous devions diner, pendant le repas, la conversation ne fut pas intéressante et malgré les Bastonnais, nous bûmes à la santé du général Carleton. Le commandant fit une gagure qu'avant qu'il fut peu, il serait dans Québec, nous lui dîmes que nous ne croyions pas qu'il y entrât du tout, et que nous pensions qu'il viendrait du secours. Il nous fit réponse qu'il était sûr qu'il ne viendrait pas de secours, alors, M. Leproust gagea 24 bouteilles de vin que le 5 mai, il y aurait des vaisseaux d'Europe arrivés à Québec, le commandant accepta la gagure ; ainsi nous sommes sûrs d'avoir 24 bouteilles de vin à boire une fois le 5 de mai arrivé ; plût à Dieu que ce soit du vin nouveau arrivé dans un navire.

Le 20 de Février, le commandant fut à Bécancourt pour faire les officiers de la milice, je fus avec lui et beaucoup de messieurs de la ville, après l'élection faite, nous fîmes une espèce de déjeuner et nous revînmes en ville.

Le 21, il a passé 30 Bastonnais, à compte sans doute de 200 qu'on nous annonçait.

Le 29, le commandant m'ayant demandé d'aller avec lui à St.

Pierre le Becquet, pour l'interpréter dans l'élection des officiers de milice, j'y fus avec M. Bellefeuille fils ; nous partîmes à 9 heures du matin. En passant à Champlain, ayant appris qu'on faisait l'enterrement de M. Morisseau, curé, le commandant arrêta à l'église pour voir la cérémonie, nous partîmes et nous rendîmes à St. Pierre à 1 heure après midi, étant arrivé, les habitants se trouvèrent partagés en deux parties, les uns voulaient que l'assemblée se fit au presbytère, suivant l'usage, les autres le voulaient dans une autre maison ; après avoir examiné les raisons, M. le commandant ordonna que l'assemblée se tiendrait au presbytère suivant l'usage. Rendus au presbytère, plusieurs habitants dirent qu'ils ne voulaient point du capitaine qui avait été nommé il y a 3 jours ; le commandant en demanda la cause, un nommé Etienne Chandonnet qui portait sans doute la parole dit au commandant : Monsieur la raison que nous avons de ne pas recevoir cet homme pour capitaine, c'est qu'il a le cœur anglais et qu'il a reçu des commissions du général Carleton, pendant que nous les avons refusées. Le commandant leur fit une réponse très-judicieuse ; il leur dit que quoique cet homme eut accepté des commissions du général Carleton et qu'il ait servi le roi, cela n'est pas une raison suffisante, il peut être aussi bon sujet pour le congrès qu'il a été fidèle au général Carleton : mais pour lever toutes difficultés, je vais procéder à une nouvelle élection.

M. le commandant m'ordonna d'ouvrir l'élection, ce que je fis et reçus les voix malgré le bruit des habitants qui se querellaient pour que le premier capitaine ne le fut point, néanmoins, s'il avait eu encore une voix, il l'aurait emporté, mais ce fut Augustin Brisson qui fut nommé capitaine, Joseph François Maillot, lieutenant, Augustin Frustrer, enseigne. Aussitôt après l'assemblée, nous repartîmes et nous arrivâmes en ville à 9 heures du soir, d'un grand froid.

Mars. Le premier jour de Mars M. Crevier Deschenau de St. François, me pria d'aller avec lui chez M. le commandant pour lui servir d'interprête, abjustifier contre les calomnies que Joseph Traversy capitaine de St. François avait fait contre lui : je fus avec lui et demandai à M. le commandant de la part de M. Crevier quels étaient les griefs qu'on lui imputait.

M. le commandant fût me chercher des certificats de plusieurs avocats de St. François, qu'il me donna à lire, les certificats portaient qu'ils avaient ouï dire que le sieur Crevier Deschenau avait dit qu'il voulait marcher jusqu'aux genoux dans le sang des Bastonnais canadiens et sauvages ; après avoir fait la lecture de ces certificats, je remontrai respectueusement au commandant, qu'ils n'étaient pas suffisants, attendu que les personnes qui les avaient donnés, ne disaient pas qu'elles avaient entendu dire cela au sieur Crevier, mais seulement qu'elles avaient ouï dire, que par conséquent ce ne pouvaient être des preuves que très-équivoques qu'il fallait que Joseph Traversy et ses témoins comparussent en personne pour prouver leur avancé.

Le commandant me dit que ça était juste et me pria de faire un ordre en Français pour ordonner à Traversy de paraître demain à 11 heures avec ses témoins.

Ce même jour, il est passé environ 30 Bastonnais qui vont à Québec avec environ 100 canadiens qui avaient déserté du camp cet automne qu'ils réunirent avec eux.

2. Le deux il est passé 50 Bastonnais qui vont au camp.

A deux heures de l'après-midi, je fus chez le commandant pour l'affaire entre le sieur Crevier Deschenau et Traversy qui ne parut point, sa femme ayant envoyé Joseph Halard pour dire au commandant qu'il était allé à la chasse à l'orignal.

Le commandant fit une obligation de la somme de 1000 louis sterling, dans laquelle intervenait M. Laframboise comme caution pour répondre de la bonne conduite du sieur Deschenau, j'expliquai la teneur de l'obligation en Français à tous ceux qui étaient présents ; le sieur Deschenau dit qu'il ne demandait pas mieux de signer cette obligation, mais que cela ne le mettait pas à l'abri de la malice de Traversy, qui pouvait trouver quelques coquins qu'en les payant, viendraient faire des faux rapports contre lui et que par là, il se trouverait dans le cas de payer cette somme innocemment. Le commandant lui dit : Eh bien, puisque vous ne voulez pas signer cette obligation attendez ici jusqu'à lundi et si votre accusateur ne paraît point, vous vous préparerez à aller à Montréal pour vous justifier vis-à-vis du général, et le congédia.

J'ai été en campagne le 3, 4 et 5 et le 6 de mars je n'ai pu savoir comme s'est passé au juste l'affaire du sieur Crevier ; j'ai seulement appris en arrivant qu'il était condamné à aller à Montréal.

Le 7. L'on a su aujourd'hui que tous les Bastonnais qui sont descendus depuis le mois de janvier ne forment que 500 hommes en tout. Hier j'appris à Nicolet qu'il était passé dans la nuit deux personnes que l'on supposait aller dans la ville de Québec, Dieu veuille qu'ils s'y rendent.

Le 8. Il est passé en cette ville trois émigrants qui ont désertés de Québec sous prétexte qu'ils étaient maltraités, disent-ils, du colonel Maclean ; ils ont dit que dans Québec, il ne manquait pas de vivres, que même il en entrait tous les jours dans la ville. Sur quelques demandes qu'on leur a fait, si les gens de Québec comptaient se défendre ; ils ont répondu qu'ils comptaient faire plus que de se défendre car ils espéraient battre les Bastonnais.

Nous avons appris ce même jour que les troupes de Montréal se sont révoltés, sur ce que le général ayant voulu les faire descendre à Québec, il lui avait répondu que quand on les fait venir en ce pays-ci, qu'on leur avait fait entendre que Québec était pris et que ce n'était que pour garder les villes et non pour se battre, sur cette réponse le général en avait fait mettre six en prison, mais que leurs camarades ayant défoncé les portes les en avaient fait sortir et que les officiers voulant s'en mêler, plusieurs d'eux furent battus, cependant le général en fit fouetter six des plus opiniâtres et le tumulte finit par là.

Aujourd'hui M. Pélissier a envoyé au commandant de cette ville deux milliers de fer, pour faire dit-on des pioches pour le siége de Québec.

Le 9. Aujourd'hui il est passé 105 voitures chargées de quarts et barils pour le camp, avec 36 Bastonnais qui les conduisaient.

Nous avons appris qu'à Québec il y avait un bâtiment en rade sorti du cul de sac, cela a fait former plusieurs conjectures, les congréganistes disent que c'est monsieur de Carleton qui veut se sauver avec sa troupe, mais ceux qui connaissent la générosité des sentiments de M. le général Carleton pensent autrement et moi aussi.

Le 10. Il est arrivé deux compagnies de Bastonnais qui annoncent que le général Lee est arrivé à Montréal et qu'il doit descendre sous peu de jours pour faire le siége de Québec.

Nous avons eu ici aujourd'hui un sermon prêché par M. le Grand Vicaire. Au commencement de son discours, il a donné sur le nez de quelques congréganistes qui avaient tourné en ridicule quelques expressions dont il s'était servi dans un sermon qu'il nous donna le mardi gras.

L'on nous assure que les deux personnes dont j'ai parlé le 7 qui allaient à Québec sont de Montréal et qu'elles sont entrées.

11. Il est passé 7 Bastonnais qui montent et s'en vont chez eux en disant que leur temps est fini.

12. M. MacDougall lieutenant de cette villle est arrivé hier au soir de Montréal, il rapporte qu'il est parti 3 messieurs de Montréal, pour aller dans les pays d'en haut porter des colliers aux nations sauvages pour les engager à descendre dès le petit printemps pour donner secours aux Royalistes.

Il est descendu aujourd'hui 30 voitures chargées d'affuts de canon, de boulets, aubusiers et autres ustensils ; il est passé aussi deux canons dont un de 24 et un de 12.

12. Nous avons appris que les deux personnes dont nous avons parlé le 7 du courant étaient envoyées du général Carleton dans les pays d'en haut pour avertir le capitaine d'Arnould de descendre dès le petit printemps avec les nations.

Mars. Nous apprenons de Québec qu'un nommé Muenil qui était auprès du général Arnold s'est échappé du camp des Bastonnais et est entré dans Québec, qu'il a emporté avec lui toutes les gazettes de York et les lettres du congrés, que quatre matelots qui étaient sortis de Québec y sont rentrés, après avoir resté trois jours dans le camp. Que le fils de M. Larivière étant sorti de Québec sous prétexte de folie, mais bien pour examiner ce qui se passait dans le camp des Bastonnais, avait été pris comme il s'en retournait à Québec qu'il est à présent aux fers aux pieds et aux mains au camp.

L'on dit aussi que les gens de Québec ont fait faire un cheval de bois qu'ils ont mis sur les murs, du côté du faubourg St. Jean, avec une botte de foin devant lui et une inscription en ces termes :

" Quand ce cheval aura mangé cette botte de foin nous nous rendrons."

Il est passé aujourd'hui 100 voitures chargées de haches, pioches, pics, affuts de canon, boulets et autres ustensils, il y avait 50 Bastonnais, deux canons de 12 et un pierrier.

15. Le 16 à 2 heures de l'après-midi il est venu un éclair et un gros coup de tonnerre lui a succédé.

17. Le 17 il est arrivé 36 voitures chargées de quarts pour le camp et 120 Bastonnais.

18. Le 18, jour de St. Patrice, les Irlandais dans les troupes du congrés, qui sont arrivés hier en cette ville, se sont promenés dans toute la ville avec leur sabre et bayonette à la main au son des tambours et fifres. Ils avaient tous à leur chapeaux une branche de sapin à l'exception des officiers qui avaient tous chacun un aigrette artificielle. Un mouchoir de soie qui était percé, faisait leur drapeau, il était enmanché en haut d'une tête de sapin, au-dessous du mouchoir étaient deux bayonettes en croix, ils ont été donner une aubade aux dames religieuses en criant trois fois *auras* ; de là ils passèrent devant chez M. de Tonnancourt et s'étant arrêtés à sa porte ils se mirent à crier : *God dam that house and all that is in it,* (sachant que M. de Tonnancourt était royaliste.) M. Godefroy son fils qui était à la fenêtre de sa chambre les ayant entendus leur répondit, *God may for ever damn you all.* Ils se retirèrent et furent chez M. Laframboise qui fit délivrer aux soldats deux sciaux de rhum et fit entrer chez lui les officiers et les régala d'une demie douzaine de flocons de liqueur ; c'était payer l'honneur qu'on lui

faisait bien cher ; après midi ils furent chez M. Delpine lui donner une aubade, mais j'ignore s'ils ont eu la pièce, il y a tout lieu de le présumer étant bon congréganiste.

Aujourd'hui il est arrivé dix traines chargées de quarts.

Le 19. Les troupes ont demandé la charité dans toutes les maisons de la ville disant qu'ils crevaient de faim. Je leur ai donné malgré moi environ 4 ou 5 livres de lard en différentes fois. Une dizaine ont été chez M. de Tonnancourt qui leur donna à manger, mais non content de cela, ils voulaient à toute force ôter la viande qui était à la broche, malgré la cuisinière ; à la fin on les menaça du commandant ; ils s'enfuirent en donnant des coups de bayonette dans les cloisons et dans les portes.

M. le grand-vicaire en ayant rassasié quelques-uns et en se croyant pas obligé de nourrir toute la garnison, fut contraint de faire fermer la porte pour pouvoir manger tranquillement.

Le 20. Il est arrivé 20 voitures chargées d'ustensils de guerre et 30 Bastonnais.

Aujourd'hui les habitants de St. Pierre les Becquet ayant été commandés pour mener du bagage au camp sont arrivés en cette ville ; plusieurs d'eux sont venus me trouver pour me prier d'aller avec eux chez M. le commandant le prier de les exempter de ce voyage. Comment leur ai-je dit, quand on vous a commandé de la part du roi l'été dernier, vous n'avez eu besoin de personne et vous avez refusé tout net de marcher ; aujourd'hui il vous faut des interprêtes pour faire des sollicitations pour vous autres, allez mes amis il est très-naturel que vous ressentiez aussi bien que nous les effets de la liberté ; ainsi me voyant si peu disposé à leur rendre ce service ils s'en sont allés.

M. le commandant m'ayant envoyé chercher pour l'interprêter dans quelque affaire me pria de faire bien des excuses pour lui à M. de Tonnancourt des insultes que les soldats avaient fait chez lui et de l'assurer qu'il n'avait aucune part à tout cela, et que si pareille chose arrivait à l'avenir de l'avertir et qu'il y mettrait bon ordre.

21. Le 21 il n'y a eu rien de nouveau sinon quelques voitures de cette ville qui ont parti pour mener des vivres au camp par ordre de M. le commandant.

22. Le 22, un habitant a dit en revenant du camp que les Bastonnais se préparaient à faire feu sur la ville de Québec, lundi prochain, qui sera le jour de l'Annonciation de la Ste. Vierge.

Les voitures qui ont passé le 15 du courant sont de retour et nous dit qu'ils n'avaient pas été payés de leurs voyages.

Une personne venant de Montréal nous a appris que le lac Champlain et la rivière Chambly étaient partis et que les Bastonnais ont perdu à la pointe aux fers deux canons qu'ils amenaient pour Québec.

23. Le 23 il est parti de cette ville 60 Bastonnais pour Québec.

24. Le 24 nous avons appris que M. Muzes Hazen, ci-devant du 44e régiment ayant obtenu du congrès une commission de colonel avait levé dans les paroisses d'en haut 6 compagnies de Canadiens; et qu'ayant démontré au général Waster qu'il était nécessaire d'envoyer au devant des sauvages qui doivent descendre avec la troupe, il était parti avec son monde, mais non dans l'intention de s'opposer à eux, mais plus tard pour s'y joindre; afin de venir secourir la ville de Québec.

25. Le 25, il est arrivé en cette ville 90 Bastonnais qui vont à Québec, qui ont dit qu'il y avait 15,000 hommes à la pointe, qui attendaient la navigation pour venir à Québec et que le général Waster devait descendre dans peu de jours.

26. Le 26, il est passé deux sauvages du saut St. Louis qui disent qu'il y a 5,000 hommes tant de troupes que de sauvages qui attendent la première navigation pour venir à Québec.

L'on nous assure qu'il y a une flotte française pour venir en Canada et qu'ayant fait rencontre de quelques bâtiments anglais, il y avait eu un engagement et que les Français avaient remporté victoire, cette nouvelle demande confirmation.

Nous apprenons que le bâtiment qu'on a annoncé être en rade le 9 du courant, avait été dans les paroisses d'en bas pour charger de vivres, qu'il n'a été que trois jours dans son voyage et qu'il est de retour à Québec.

L'on nous dit aussi que les gens de Québec ayant fait une sortie d'environ 400 hommes, ils avaient tué 10 Bastonnais, et fait 5 prisonniers, après quoi ils ont rentré dans la ville.

Le 27, il est arrivé en cette ville 85 Bastonnais qui descendaient à Québec; ce même jour M. Gugy est venu en ville pour avoir un ordre du commandant pour faire sortir son meunier de son moulin, s'étant aperçu qu'il n'agissait pas honnêtement. Comme il lui avait dit d'en sortir, il fut se conseiller à Larose capitaine de la Rivière du Loup qui lui dit n'en sortez pas, parceque le congrès ôtera à M. Gugy son moulin et vous le garderez. Non pas qu'il crut que ce devait être ainsi, mais afin de faire tomber M. dans quelque piége et d'avoir prise sur lui, car il pensait que quand le meunier s'obstinerait à rester pour cette raison, que M. de Gugy disait quelque chose de désavantageux au congrès et que par là il aurait lieu de le faire prendre ayant manqué son coup dans le mois de décembre dernier.

28. Le 28 le général Woaster est arrivé dans cette ville et tous les congréganistes ont été lui rendre visite chez lui.

Il est passé M. Larivière fils, venant de Québec qui a été fait prisonnier avec un nommé Létourneau, qui était sorti de Québec.

Il est passé aujourd'hui un nommé sergent Brown qui a été fait prisonnier au fort St. Jean et qui a déserté du Connecticut ; il s'était rendu jusqu'à pointe de Levy où il demanda à un habitant de le traverser, à la ville de Québec, qu'il lui donnerait cinq guinées, l'habitant lui dit qu'il allait chercher son aviron mais il fut avertir les Bastonnais et l'a fait prendre prisonnier ; il dit qu'il y avait en bas de Québec 1000 hommes prêts à y entrer, Dieu le veuille.

30. Le général Woaster est parti pour Québec après avoir assuré que si M. Carleton ne se rendait pas qu'il allait prendre la ville d'assaut.

M. Pélissier lui a donné sa cariole couverte et deux chevaux avec son cocher pour le mener jusqu'au camp.

Il est arrivé 60 Bastonnais qui descendaient et 8 officiers qui montent.

Il y a quelques jours que M. Laframboise donna un grand dîner où il y avait plusieurs Bastonnais parmi lesquels il se trouva un ministre ; lorsque le temps de se mettre à table fut venu, ce ministre fit une espèce de singerie en bénissant la table, quand ils en sortirent M. Laframboise dit pourquoi il ne faisait pas la même cérémonie ; le sieur Ailles qui était de la compagnie lui dit, si vous saviez ce qu'il dit vous ne demanderiez pas qu'il le repéta : il dit *Dieu écoute mes prières, damne tous les canadiens et les royalistes, fait tomber le feu de sa colère sur cette province.* Laframboise se mit à rire fort spirituellement.

Nous apprenons que les Bastonnais ont fait un coup sur quelques canadiens qui venaient s'emparer de la garde de la pointe Lévis, qu'ils en ont tué plusieurs, fait 50 prisonniers et que les autres se sont échappés dans le bois ; l'on dit que M. Bailly prêtre et un autre dont on ignore le nom ont été tués dans cette action. Comme cette nouvelle se rapporte si différemment, on ne peut y faire aucun fondement jusqu'à ce que nous voyions entrer les prisonniers.

L'on nous assure qu'il est parti une frégate de Québec pour aller en bas chercher plusieurs habitants qui se sont soulevés ; l'on dit qu'il y a 13 personnes soulevées contre les Bastonnais.

31. Aujourd'hui le nommé Ligatle est arrivant de Montréal sous prétexte d'aller à Charlesbourg pour voir un de ses enfants, il a un passeport du général Woaster. Il est porteur d'un écrit pour M. le

général Carleton, pourquoi il offre 300 livres à celui qui voudra le porter à Québec ; par cet écrit on informe son Excellence de la situation des Yankees et de la quantité de troupes du roy qu'il y a dans les colonies.

Mars 2. Qu'il y a 2000 hommes de troupes de sauvages tout prêts à descendre—3 Que dans les paroisses de La Chine, de La pointe Claire et autres, il y a plusieurs cents hommes qui attendent ceux d'en haut pour descendre avec eux. 4 Que 600 hommes de troupes ont hyvernés à Louisbourg pour venir en Canada : 5 L'on exhorte son Excellence à ne point se rendre, et on lui donne connaissance du plan qu'ont pris les Yankees pour prendre Québec. 1° Ils doivent faire sommer le Général Carleton de se rendre, et s'il refuse, il doit envoyer par ce moyen, des flèches, des lettres aux bourgeois pour les inviter à se rendre, sinon que leurs biens seront pris, confisqués et vendus au profit du congrès. 2° ils doivent envoyer des déserteurs supposés, pour tacher de corrompre les cytoyens de la ville. Si tout cela ne suffit pas, ils doivent tenter l'assault, et s'ils sont repoussés, ils doivent décamper par le sault de la *Chaudière*, y ayant des vivres de partis de la Nouvelle-Angleterre pour venir à leur rencontre.

Le même écrit dit qu'il est arrivé quatre des plus fameux négociants de Londres au congrès, pour faire rentrer les colonies en elles mêmes, vu que l'Ancienne Angleterre est partie pour leur faire la guerre. Il avertit aussi son excellence le Général Carleton que la majeure partie des troupes finiront leur temps le 15 d'Avril, et donne connaissance de la situation de la ville de Montréal. Je prie le Seigneur que toutes ces connaissances puissent parvenir à Québec, pour engager les citoyens à soutenir.

Avril 1. Le premier d'Avril, il n'y a rien eu de nouveau, sinon qu'il a passé douze Bostonnais, fifre jouant, tambour battant.

Le 2. J'ai été aujourd'hui chez Mᵣ le Commandant, pour lui demander, de la part des dames Ursulines, le paiement des malades qui ont été à l'hôpital depuis l'automne dernier ; il m'a fait réponse qu'il n'y avait point d'argent d'arrivé. Je lui ai répondu Mᵣ., comment voulez-vous que ces dames fassent, elles avancent leur argent pour nourrir et soigner vos soldats, et elles ne peuvent être payées. Il est impossible qu'elles puissent continuer à prendre soin de vos malades ? Eh bien, m'a-t-il dit, dites-leur qu'elles prennent patience et qu'elles seront payées, et bien lui ai-je répondu, je vais dire à ces dames qu'elles nourrissent vos soldats avec de la patience, l'on verra comme ils seront bien gras ; il se mit à rire et me dit que sous peu il y aurait de l'argent. Comme je voulais prendre congé de lui, il me demanda pourquoi est-ce que les marchands ne voulaient pas prendre des billets du congrès ; je lui dis que ma raison en particulier était parce qu'ils n'étaient pas encore maîtres du pays, et que la ville capitale était encore au roi qui seul pouvait changer la monnaie de la colonie et que je ne croyais pas que le congrès put établir aucun cours de monnaie dans cette province, jusqu'à ce qu'elle fut conquise. Eh bien, m'a-t-il dit, sous peu, on vous forcera de les prendre ; à la bonne heure, lui dis-je, quand on nous forcera il faudra bien le faire.

Le 3. Le 3, les prisonniers du coup que les Bastonnais ont fait dont nous avons parlé le 30 du mois dernier sont arrivés ici aujourd'huy au nombre de 21 au lieu de 30 qu'on nous avait nommé, il n'y a rien de plus exécrable et qui répugne plus à la nature que de voir de pauvres malheureux conduits par leurs compatriotes sans qu'ils en soient le moins touchés ; au contraire, les misérables les mènent avec une jubilation sans pareille et comme s'ils menaient des gens dont ils n'auraient jamais entendu parler ou leurs plus grands ennemis.

Ces prisonniers disant qu'ils avaient reçu des ordres de M^r le Général Carleton pour venir secourir la ville de Québec et qu'ils étaient 500 hommes sous le commandement de Mr de Beaujeu qui en avait envoyé 50 pour l'avant garde (dont ils étaient du nombre) et que les gens de la Rivière du Sud en ayant eu nouvelle, ils les avaient arrêtés ; que Mr Bailly, prêtre, qui était leur aumônier avait été blessé.

Il est passé un capitaine Bastonnais avec ces prisonniers et sa compagnie, qui a un plan de la ville de Québec, et qui dit qu'il est impossible pour les Bastonnais les puissent prendre, (à moins que ce soit la famine), que la ville de Québec étant trop bien fortifiée sur toutes les faces, ce capitaine s'en retourne avec sa compagnie en la Nouvelle Angleterre, puisqu'il dit que c'est fort que de vouloir tanter la prise de cette ville, d'autant plus que la moitié des Bastonnais sont malades et sans état de combattre.

Mr Couillard, l'un de ces prisonniers, a fait demander Mr de Donnancourt de l'argent à emprunter, ce qui lui a été accordé très facilement.

Le 5. Le 5 il est passé 20 Bastonnais qui descendent.

Le 6. Le 6 il n'y a rien eu de nouveau.

Le 7. L'on a dit que le colonel Maclean avait voulu déserter 3 fois de Québec et qu'il avait été rattrappé. Je ne mets cette nouvelle que pour faire voir les faussetés qu'on nous a rapportés, car je n'y crois point cela, je suis trop persuadé de la bravoure du colonel Maclean.

L'on nous a dit aussi que les canons de dessus les murs de Québec étaient retournés du côté de la ville, je pense que cette nouvelle est encore fausse.

Le 8. Le 8 le sieur Belette, père, est passé venant de Québec, fait prisonnier pour la seconde fois, il dit que les Bastonnais l'ayant soupçonné d'avoir été dans Québec l'avaient fait prendre.

Il est monté un courrier qui rapporte que les gens de Québec ayant envoyé une bombe dans le camp des Bastonnais, il avait démonté entièrement une de leurs batteries ; qu'il était sorti deux jeunes gens de la ville de Quebec qui ont dit que la ville ne manquait point de munitions de guerre et de bouche, et qu'elle n'était point dans les sentiments de se rendre.

Il rapporte aussi que le général Wooster avait envoyé deux de ses soldats dans la ville de Québec sous prétexte de désertion et leur avait fait la langue pour aller mettre le feu dans Québec, que pendant que les gens de Québec seraient occupés à éteindre le feu, il devait tenter l'escalade de la ville ; que ces soldats avaient fait ce qui leur était ordonné et avaient mis le feu dans la haute ville et dans la basse dans la nuit et que les Bastonnais avaient tenté l'approche des murs, mais que la ville avait fait un feu si vif qu'ils avaient été contraint de se retirer en désordre.

Le même jour, il est arrivé 20 voitures chargées de lard pour le camp avec une trentaine de Yankees. Il est passé un nommé Rainville, des paroisses d'en haut, avec sa femme qui ont été sous prétexte de faire un vœu à la grande Ste. Anne, cet homme a envoyé dans la ville de Québec des intelligences pour notre général Carleton de la ville de la part de Mr. Mayes-Hazen, commandant actuel de la ville de Montréal, et est chargé d'une lettre de M. Carleton pour le sieur Hazen, cet homme a dit qu'aussitôt la navigation libre, que les troupes et les sauvages d'en haut doivent descendre et que Mr. Hazen avec plus de trois mille canadiens des paroisses d'en haut doivent se joindre à eux pour aller secourir Québec. Que Dieu le veuille.

Le 9, il est passé deux officiers Bastonnais qui viennent du camp et qui ont dit en passant qu'ils étaient bien contents d'être éloignés et qu'il était impossible que leurs gens prissent la ville de Québec.

L'on nous assure que les habitants de Varennes se sont mis en uniforme et qu'ils sont prêts à secourir Québec au premier signal qu'on leur donnera ; nous apprenons aussi que les citoyens de la ville de Montréal montent la garde tous les soirs.

Les nouvelles que l'on répand aujourd'hui touchant l'impossibilité de la prise de Québec et du secours qui doit venir affligent beaucoup les cœurs Bastonnais ; mais n'importe, le peu de royalistes qui se trouvent en cette ville rendent grâce au Seigneur intérieurement de toutes ces nouvelles. M. St. Onge, le grand vicaire a annoncé et chanter un salut les trois fêtes de Pâques, dans l'église des dames Ursulines pour demander la bénédiction du ciel sur nos armes. L'antienne *Domine salvum fac Regem* y a été chanté pendant les 3 jours.

Le 10 un habitant venant du camp des Bastonnais dit qu'ils ont fait commandé 300 hommes à Charlesbourg pour porter les échelles le long des murs de Québec, mais qu'ils ont refusé, leur disant qu'il était inutile de se faire tuer pour porter les échelles, que quand bien même elles seraient portées aux murs, qu'ils n'étaient point capables d'y monter, et que les Bastonnais craignant un soulèvement dans cette paroisse y avaient envoyé 300 hommes de garde.

Ce même habitant dit qu'ils font un brulot à la Pointe aux Trembles pour faire brûler la frégate qui est devant Québec, mais l'on nous assure que plusieurs bâtiments de Québec se préparent à venir à la Pointe aux Trembles pour détruire les bâtiments des Yankees.

L'on dit que Messieurs Price et Walker sont retenus au congrès, parce qu'ils sont les auteurs que les Bastonnois sont venus dans cette province ; ayant fait entendre au congrès que tous les Canadiens étaient prêts à recevoir leurs troupes.

Mais aujourd'hui qu'ils voient la prise de Québec impossible, ils s'en prennent à eux.

Le 11, rien de nouveau.

Le 12, les 22 Bastonnois qui étaient dans cette ville depuis 2 jours, se sont fait traverser les chevaux pour aller au camp.

L'on nous dit que c'est aujourd'hui ou demain que les Bastonnais doivent tenter à prendre la ville de Québec par escalade, par la raison que la majeure partie de leur monde finissent leur temps le quinze de ce mois. Les soldats de cette garnison finissent aussi leur temps lundi qui sera le 15, mais le capitaine Gosforth ne veut pas les laisser partir jusqu'à ce que la décision de Québec soit faite.

Seigneur Dieu des armées protégez la ville de Québec et conservez s'il vous plait ceux qui la défendent ; Grand saint Joseph, vous à qui Dieu a confié le soin de cette province en vous en établissant le patron, faites par votre intercession qu'elle soit délivrée des ennemis qui l'environnent et conservez ceux qui en soutiennent la défense par le seul motif de la gloire de Dieu et la fidélité de notre roi ; nous vous en prions et nous vous conjurons par l'amour que vous avez eu pour Jésus et Marie et que Jésus et Marie ont eu pour vous, de la protéger dans ce moment où l'ennemi de notre religion voudrait s'en rendre maître. Daignez écouter nos prières et nous obtenir la grâce que nous vous demandons.

Le 13 il n'y a rien eu de nouveau ; nous sommes dans l'impatience de recevoir des nouvelles du sort de Québec. St. Luc est parti à 3 heures de l'après-midi et n'a pas laissé que de faire beaucoup de bruit parmi les Bourguignons.

Le 14, point de nouvelles d'aucune part ; à 6 heures du soir le général Arnold est arrivée du camp et va à Montréal ; aussitôt son arrivée, il a envoyé un exprès aux forges chercher M. Pélissier qui arriva à 8½ heures et soupa avec lui, accompagné de M. Laframboise, Courval, Delzen et autres.

Le 15, le général Arnold a été dîner aux forges et avant de partir a dépêché un exprès pour Montréal ; nous n'en savons point la cause. Joseph Jutras, autrement dit La Patate, a trouvé fort ingénument qu'il fallait que Québec fut pris, parce que dit-il il n'y aura point de secours. M. Balz avec son grand nez a senti qu'il ne viendrait pas de secours par en bas, parce que le Roy a envoyé toutes ses forces dans les colonies. Ces nouvelles doivent nous déconcerter venant de deux si bons politiques.

Nous avons appris que les batteries des Yankees ont été culbutées par les canons de la ville de Québec.

Le 16, le général Arnold est parti pour Montréal ; ce matin à 9 heures il s'est fait mener en canot jusqu'à la pointe du Lac, les eaux étaient trop hautes pour aller par terre.

Le 17, la garnison de cette ville ayant fini son temps avant-hier, est parti ce matin à 7 heures avec une grande jubilation.

—Nous apprenons pour le sûr qu'une personne de la ville de Montréal est passé la semaine dernière pour entrer dans la ville de Québec et qu'elle porte des instructions au Général Carleton contenant 14 articles qu'elle a mis dans un bouton de culote de crainte d'être prise et fouillée, nous attendons cette personne avec impatience.

L'on dit que M. Pélissier a reçu hier du général Arnold, une commission du Colonel Général des milices du Canada.

—Le 18 il est arrivé un courrier de Montréal avec un paquet de lettres pour M. Pélissier que le commandant lui a envoyé en toute diligence. Ce même jour est arrivé le ministre des Bastonnais qui étaient au camp de Ste Foy qui va à Montréal. L'on nous dit qu'il y a beaucoup de Bastonnais arrivés à St. Jean qui attendent que le lac soit passé pour descendre.

L'on nous assure que le Général Howe est parti de Boston pour venir en Canada, les Bastonnais disent qu'il est parti de Boston mais qu'on ne sait pas où il est allé, tout cela n'est que pour endormir le peuple Canadien, il faut espérer qu'il se réveillera une fois qu'il faudra le bien bercer pour le rendormir.

Le 18 un nommé Brindamour, capitaine dans le régiment de M. Levingston, est arrivé de Québec, il dit que le Général Carleton a demandé aux citoyens de Québec de soutenir jusqu'au 22 du courant et que s'il ne venait point de secours qu'il rendrait la ville, il dit aussi que les personnes de Québec n'ont qu'une chopine de blé à manger par jour, comme ces nouvelle sortent d'un auteur si peu croyable nous n'y faisons pas de fond.

19. —Point de nouvelle, de toute parts, on nous annonce une grande quantité de Bastonnais qui viennent en bateau, il faut vraiement que le nombre soit considérable ; car on dit qu'ils ont avec eux 500 prêtres catholiques, parce que dit-on la majeure partie de l'armée est catholique. Nous voilà bien dans nos affaires, nous ne manquerons pas de curé de sitôt.

J'ai oublié une circonstance du 12, M. Courval, après avoir soupé avec le Général Arnold s'en retourna chez lui, mais comme les eaux avaient extrêmement monté, ils ne purent s'y rendre, il eut beau appeler ses domestiques pour venir le chercher en canot, ce fut inutile, tous le monde dormait, il s'en retourna chez Sills pour demander un tel, le commandant l'ayant aperçu, et quelques autres lui demandèrent pourquoi il était revenu, il leur dit la raison alors ils lui dirent : il faut aller voir comme les eaux ont monté, ils furent avec lui, lorsqu'ils furent au bord de l'eau, ils prirent M. Courval par dessous les bras et le trainèrent dans l'eau jusque chez lui et le laissèrent sur son perron à attendre qu'on lui ouvrit la porte et s'en furent, voilà de la façon comme ils badinaient avec les amis de la cause commune.

23.—Il est arrivé deux courriers du camp de Ste. Foy à une heure l'un après l'autre pour avertir le capitaine Gafarth de descendre à Québec avec le reste de ses soldats qui étaient ici.

24.—Il est passé deux cents Bastonnais en bateau qui descendaient au camp, qui disent qu'il doit en descendre 2,000 demain.

Nous avons appris que les Régiments du roi qui étaint dans le pays d'en haut et les sauvages étaient arrivés au lac des deux montagnes et qu'ils attendent les nouvelles do la flottc qui vient par en bas pour descendre. L'on nous assure que M. le Général Carleton a eu des nouvelles du renfort qui lui vient.

Les canadiens Bostonnais disent que le général Howe a été pris en sortant de Boston avec 15,000 hommes et 15,000 piastres ; nous n'en croyons rien.

25.—Il est arrivé 3 bateaux avec 76 Bostonnais qui descendent ;

je fus au bord de l'eau les voir arriver, l'un d'eux me demande des nouvelles de Québec, je lui dis que je n'en savais point, cela me mit dans le chemin de discourir, je lui demandais s'il descendait beaucoup de leurs gens, il me dit, comment voulez vous qu'il m'en vienne beaucoup, l'on ne nous paie point, voilà 7 mois que nous sommes engagés, on ne nous a pas donné un sol, et même plusieurs de nos gens ont déserté ; il y a 16 hommes de notre compagnie qui nous ont laissé à Carillon ; mais, lui dis-je, pensez vous prendre Québec ? quand bien même, ajouta-t-il, nous le prendrions, nous serions assurés de ne point le garder longtemps, parce qu'il y a une flotte en bas qui vient au secours de Québec. Eh bien, lui dis-je, quel est donc votre dessein ? Ma foi, dit-il, je n'en sais rien ; on nous fait espérer que nous aurons Québec le 10 mai, et puis voilà tout ; je le laissais, voyant qu'il ne me donnait aucune bonne raison.

M. St. Onge, vicaire Général, a annoncé ce matin une neuvaine pour demander à Dieu sa sainte bénédiction sur cette province et la conservation de notre religion, cette neuvaine doit commencer Dimanche 28 du courant, les dames Religieuses doivent s'y joindre par une neuvaine de communions.

Les amis de la cause commune se moquent et raillent de nos prières, mais nous nous en soucions fort peu, nous espérons que Dieu les écoutera et qu'il favorisera les armes du Roy ; si toutefois il ne lui plait point de le faire, nous aurons toujours l'honneur et la gloire de dire que nous avons été fidèles sujets de sa majesté jusqu'à la fin et que nous n'avons point donné notre âme au diable en devenant rebelles à notre roy sous un faux prétexte d'oppression comme ont fait une quantité de nos concytoyens.

26. Les 26 hommes arrivés d'hier sont partis aujourd'hui pour le camp ; tous les cœurs Bastonnais ont été les voir partir comme s'ils attendaient avec beaucoup de jubilation comme s'ils attendaient une fortune par le retour de ces gens là ; comme j'étais au bord de l'eau, M. Freeman fils vint me demander si je pouvais lui enseigner quelqu'un pour piloter ces trois bateaux à Québec ; je lui dis que oui, je lui montrais un homme qui est sourd-muet et je le laissais, il partit pour aller lui demander, mais il vit bien que je m'étais moqué de lui, car il ne put jamais rien lui faire comprendre.

M. Hart est arrivé de Montréal, il rapporte la vérification que le General Howe est retiré de Boston, il dit que les Bastonnais ont envoyé des batiments pour découvrir quelle route il prenait et que s'il vient en Canada que le Général Washington est tout prêt avec 10,000 hommes pour venir en cette province.

A 9 heures du soir, est arrivé un nommé Lacouture, courrier pour les Bastonnais qui vient du camp ; il dit qu'il y a une goëlette qu'ils ont armé qui monte et qu'elle est à Champlain pour aller à Montréal, il rapporte aussi que Joseph Papillon a été fait prisonnier et mis dans le fond de calle d'un batiment les fers aux pieds et aux mains et ne dit point pour quelle raison.

27.—Un nommé Blondeau est arrivé de Montréal ; il y a un grand tumulte causé par les Sauvages qui sont avec le régiment du roy et que tous les jours on s'apperçoit qu'il manque beaucoup de monde dans la ville, qui vont les joindre.

L'on nous dit qu'il est entré dans Québec deux messieurs de Montréal, d'une façon assez comique ; ces messieurs ont été trois ou quatre jours, dans le camp des Bastonnais habillés en mendiants, le dernier jour, ils s'avancèrent jusqu'à la dernière garde ; là ils firent cuir un morceau de lard, lorqu'il fut cui, l'un d'eux le prit et se mit à fuir, l'autre courut après lui, le ratrappa et firent semblant de se chamailler, celui qui avait le lard s'échappa et l'autre donna encore après ; lorsqu'il fut arrivé aux dernières sentinelles, il lui dit : faites moi le plaisir de tenir mon sac pour que je puisse courir après mon camarade qui emporte mon lard ; le factionnaire prit le sac, et ainsi mon homme se mit à courir après l'autre ; le factionnaire lui criait, " cours, cours, tu vas le ratrapper" ; effectivement, ils ont si bien couru qu'ils sont entrés dans Québec le lard en main. La ruse n'est pas mal inventée.

28.—Un officier est arrivé du camp qui rapporte que sept batiments sont en route pour monter et qu'ils vont chercher de l'artillerie à Montréal pour faire brèche à Québec ; Nous espérons qu'avant que leur artillerie soit passée que nous aurons du secours, aujourd'hui notre curé a annoncé une Gd. Messe qui se chantera mardi en honneur de St. Joseph, patron de cette province pour le prier de la prendre sous sa protection.

Il vient d'arriver un courrier de Montréal qui rapporte que le Général Thomas est arrivé avec 2000 hommes et qu'ils doivent descendre ces jours-ci.   Quand nous les verrons nous le croirons, car ils ont dit tant de menteries qu'on ne peut les croire d'un seul mot.

29.— Le Général Thomas est arrivé en ville ; aussitôt il a dépêché un exprès pour aller chercher M. Pélissier ; mais comme il partait M. Pélissier est arrivé. Le général est parti pour le camp ; il a emmené 3,000 hommes qui doivent descendre.

30.— 13 bateaux sont arrivés et 240 hommes avec deux canons de 24, à ce que l'on dit, mais je les ai vus ils sont de 9 et pas plus.

Nous apprenons qu'une personne de cette ville a donné à Mr.
l'officier commandant une liste des Royalistes de l'endroit savoir :

Chez M. de Tonnancourt.. 3
Le Père Tridant et le frère Adrien....................................... 2
Le 3me Vicaire... 1
M. Le Proust... 2
M. Bellefeuille... 1
M. Maillet.. 1
M. Badeaux... 1
Stansfeeld, Fraser et Morris... 3
Mrs. Niverville et Normandvillle.. 2
                                                                                     ——
                                                                                      16

Cette personne n'a pas donné une liste exacte, car j'en connais
d'autres que je ne divulguerai que lorsqu'il le faudra.

L'on est venu m'apprendre cela en me disant que j'étais du
nombre, j'ai répondu que cela ne me faisait point de peine, au
contraire, que le nom de Royaliste me faisait honneur et que je
serais bien mortifié si on pensait autrement de moi.

Nous venons d'apprendre qu'il y a 8 jours le colonel Maclean a
fait une sortie de Québec, avec 18 bateaux armés, qu'il a été atta-
qué la garde du Foulon qu'il la repoussé et qu'il a pris à l'ennemi
9,000 rations ; cela leur aidera à subsister jusqu'aux secours.

Il est monté 45 Bastonnois qui avaient fini leur temps qui ont
dit qu'il était déserté deux hommes de leur camp dans Québec et
que le capitaine Tipper devait aussi se rendre à Québec avec un
batiment chargé de vivres, mais qu'ayant été découvert, les Bastonnais l'avaient fait prisonnier.

La goëlette de Belette est passé à 6 heures du soir qui monte à
Montréal, il y a plusieurs Bastonnais dedans, qui ont fini leur temps
et qui s'en retournent à la Nouvelle-Angleterre.

Mai.—Le premier de mai, nous avons eu une forte bordée de
neige.

M. Pélissier avait commencé à faire aujourd'hui des bombes de
de 13, 9 et 7 pouces pour les Yankees ; mais les forgerons anglais
disent que ces bombes ne pourront point éclater et que de plus
elles ne seront prêtes que dans 5 semaines. Ainsi ils pensent
qu'elles serviront plus tôt au roi qu'aux Yankees, je le souhaite.

2.—Nous avons apris que les Bastonnais s'étaient révoltés dans
le camp par le manque de vivres, et qu'ils avaient dit au général
que s'il ne les nourrissait pas mieux qu'ils abandonneraient le service.

L'on dit que le capitaine Maclean étant sorti de Québec pour aller
                                                                                       3

chercher des vivres à l'Ile d'Orléans, a été pris par les Bastonnais et conduit au général Wooster, qui lui a demandé comment il osait faire entrer des vivres dans Québec, le capitaine lui a demandé comment il osait lui faire lui-même une pareille question, qu'il devait savoir qu'il ferait son devoir en servant son prince, ce qu'il ne faisait pas lui-même n'étant qu'un rebel ainsi que toute sa troupe pouilleuse, mais a-t-il dit au général Wooster, voici le temps bientôt venu et le jour n'est pas loin où je verrai votre chevelure lévée de dessus votre veille carcasse. Le général l'a fait mettre aux fers dans le camp.

Il est passé aujourd'hui 50 Yankees qui montent, les pauvres malheureux font encore pitié de les voir comme ils sont tous nuds et chétifs.

3.—Nous avons appris par les Gazettes de la nouvelle York qu'il y avait 30,000 hommes sur mer, tant pour le Canada que pour les autres provinces, et qu'ils devaient se rendre à Halifax pour prendre les ordres de chacun leur parti. La Gazette est datée du 15 d'avril, il y est fait mention aussi que le *Glasgow*, bâtiment du roi a batu une frégate aux Yankees, commandé par le capt. Hapkins; il est arrivé à 7 heures du soir, 27 bateaux dans lesquels il y a 340 yankees de la Pensylvanie qui descendaient à Québec, ils disent qu'ils ont fait rencontre de la goëlette de Belette dans le lac et que croyant que ce fut un batiment royaliste, ils avaient fait un long circuit pour l'éviter.

4.—Il est arrivé deux bateaux de Yankees de la province du Connecticut au nombre de 40 en débarquant de leur bateaux ils se sont informés s'ils n'y avait pas de crainte pour eux de la part des royalistes; leurs gens leur ont répondu que non, ensuite ils ont donné des nouvelles de Québec et comment il était fortifié. Un de ceux qui sont revenus du camp lui a répondu que les gens de Québec tiraient comme des diables et qu'il était impossible de prendre la ville, à moins que ce ne fut par famine, ce qui ne tarderait pas parce qu'ils manquent de vivres et que la maladie est très grande dans Québec, suivant le rapport d'un de leurs gens qu'en est déserté depuis peu.

Il n'est pas possible d'exprimer combien la canaille triomphe de la passée de ces gens là ; il semble que chaque brigade leur apporte une fortune ; cependant ils devraient voir qu'ils ne sont guère portés à leurs intérêts car ils ont mis aujourd'hni le feu dans les cheminées du corps de garde et des casernes et ne se sont pas mis en peine de l'éteindre, au contraire, ils sortaient chacun avec leur paquet sans s'embarrasser du reste, si ce n'eut été les messieurs

Tonnancourt, M. de St. Ours et quelques autres canadiens, c'en était fait des casernes.

5.—Il est arrivé 220 hommes, je ne sais de quelle nation ils sont car il y a des nègres, des sauvages, des Panis, des mulâtres ; je crois qu'ils ont écuré l'enfer tant ils sont noirs et salopés.

6.—Il est arrivé 300 hommes qui reviennent du camp et qui s'en retournent, l'un d'eux m'a dit qu'il y avait un bâtiment Français de 70 canons à 40 lieues de Québec, mais je pense que cela est faux.

7.—Sur les trois heures de l'après midi est arrivé du camp M. Call qui annonce l'arrivée d'un vaisseau de guerre de 72 pièces de canon, quatre transports à Québec, cette nouvelle attriste beaucoup les cœurs Bastonnais, mais nous en sommes aussi réjouis qu'ils en sont affligés.

Ce même jour 54 Bastonnais sont descendus dans 5 bateaux.

Le capitaine Wats et M. Foucher étant au bord de l'eau lorsqu'ils sont arrivés, leur ont demandé s'ils étaient à Boston lorsque le Général Howe en est parti, ils ont dit que oui, et bien ont ils dit, il a fait plus de diligence que vous car il est à Québec et vous n'êtes encore qu'ici, ces pauvres malheureux ont changé de couleur à cette nouvelle.

A 8 heures il est arrivé 8 bateaux et 160 hommes qui descendaient, l'un d'eux m'aborda et me demanda si j'avais ouï parler de la nouvelle qui était répandu des vaisseaux arrivés à Québec. Je lui dis que oui et qu'il y en avait 16 autres qui devaient être arrivés actuellement. Il me donna un *God dam* et dit " nous sommes bien foutus, il vaudrait beaucoup mieux abandonner cela, cependant me dit-il nous sommes aussi du monde pour eux." Cela est vrai, lui dis-je, mais vous ne faites pas attention que le général Carleton peut faire marcher les Canadiens d'en bas. *Oh by God*, a-t-il dit, cela est vrai, nous allons nous trouver pris ici comme dans une cage.

A 10 heures trois courriers se sont succédé qui rapportent que sitot que la troupe du roy a été arrivée à Québec elle a fait une sortie sur les Bastonnais, les a massacré, pris tous leurs vivres et leurs canons et que deux frégates sont en route pour monter avec deux transports.

8.—Le 8 un courrier du camp apporte les ordres à ceux qui sont descendus hier de remonter et que le reste d'en bas est en chemin pour y remonter, sans doute que le général Wooster a pris le devant, car il est arrivé ici hier au soir.

A la réception du succès des royalistes, les Dames Ursulines ont chanté ce matin le *Te Deum* pendant la messe.

Les Bastonnois ont reçu ordre de rester dans cette ville jusqu'à nouvelle ordre.

A deux heures après midi, le Colonel Campbell est arrivé, qui rapporte que presque toute l'armée des Bastonnais était fait prisonnière et que le reste montait.

9.—Le 9 les Bastonnais arrivés d'en haut avant hier, se sont en retournés aujourd'huy, ils disent qu'ils vont se retrancher à Sorel.

Plus de 900 Yankees sont passés aujourd'hui qui s'en vont ; ils confessent qu'ils ont eu une diable de peur.

10.—12 bateaux chargés de Yankees sont passés ; il faut espérer que nous en verrons bientôt la fin, car ils décampent grand train.

11.—Quatre sauvages du sault St. Louis sont arrivés en cette ville, qu'ils disent avoir des lettres du Général Washington qu'ils portent au Général Thomas qui est encore à Déchambault pour lui apprendre qu'il y a un renforcement prodigieux de Bastonnais à la pointe et de se retrancher à Sorel en attendant qu'ils arrivent.

Des Anglais m'ont dit ce matin que la dernière brigade des Bastonnais qui monte devait mettre le feu aux casernes, au corps de garde et à la poudrière ; ces nouvelles nous attristent beaucoup.

12.—M. Bannefield venant de Québec nous apprend qu'il y a 15,000 hommes de troupes pour cette province et 50,000 pour les colonies d'Amérique ; ainsi il faut espérer que les Yankees seront détruits.

Nous avons eu une alerte en voyant 14 bateaux qui descendaient, pensant que c'était les Bastonnais qui revenaient, mais notre peine a été changée bien vite, en apprenant que ces bateaux allaient chercher le reste des Bastonnais qui étaient en bas. Les cœurs Bastonnais étaient bien contents et criaient en frappant des mains, ha ! ha ! nous savions bien que les Bastonnais reviendraient et qu'ils étaient montés que par feinte.

Sur les deux heures après-midi, le fermier de Mr. de Tonnancourt vint l'avertir que les Bastonnois étaient allé piller chez lui Je fus chez le commandant avec les messieurs de Tonnancourt pour lui en porter plainte. Le commandant dit qu'il ne connaissait point ceux qui avaient pillés et qu'il ne pouvait envoyer de monde parce que dit-il ses gens étaient fatigués. Mrs. de Tonnancourt lui dirent : eh bien, monsieur, nous allons prendre du monde et courir après ; nous leur ferons bien rendre ce qu'ils ont pris. Le commandant reprit la parole et dit : ces gens-là pourront bien faire feu sur vous, et bien dirent-ils (les messieurs de Tonnancourt) nous sommes hommes comme eux, et s'ils font feu sur nous nous sommes en état de leur rendre ; alors le commandant voyant leur résolution leur dit qu'il allait écrire une lettre et envoya son lieutenant avec un détachement pour courir après et leur faire rendre ce qu'ils avaient pris, les priant de ne point prendre de monde avec eux parce que cela causerait un grand tumulte. Ils sont partis pour les rejoindre avec M. de Normanville chez qui ils ont pareillement pillé.

14.— Messieurs de Tonnancourt et Normanville ont ratrappé les voleurs et leur ont fait rendre un miroir, deux chevaux, des nappes et des serviettes ouvrées ; un lit en tombeau et d'autres articles. Les malheureux se préparaient à aller piller chez M. Gugy, à Machiche, mais comme ils ont été pris dans cette paroisse, on pense qu'ils auront passé tout droit. Hier deux Bastonnois vinrent me demander à loger, comme toutes les maisons étaient pleines, je les reçus et les questionnai sur la déroute, ils me dirent qu'ils ne savaient pas ce qui les avait chassés ; qu'ils n'ont presque point vu de monde et qu'il y avait quelque chose de surnaturel qui les avait frappés de crainte, que la peur s'était emparée d'eux d'une façon singulière. Je leur demandai s'ils comptaient se retrancher à Sorel, ils me firent réponse que pour eux ils allaient se retrancher chez eux, que c'était pour la troisième fois qu'ils avaient été repoussés de Québec, la première quand ils sont arrivés par St-Igan, la seconde dans l'action de M. de Montgomerry et puis cette chasse cy. Ils me paraissaient bien contents du service du congrès, car ils le donnent à tous les diables.

Mr. Gugy étant à la ville a reçu avis que les habitants de Machiche ont excité des Bastonnois et les ont persuadé d'aller piller chez lui ce qu'ils ont fait ce matin à dix heures.

M. Jacques Bannefeeld venait de Montréal rapporte que les Bastonnois ont 8 régiments en marche et quatre généraux pour descendre à Québec. Ces nouvelles font sauter les cœurs Bastonnois de joie.

Une personne de crédit nous assure qu'un sauvage est passé de jeudi dernier pour porter la nouvelle au général Carleton que le régiment du Roi, les sauvages et 700 canadiens sont à la galette et qu'ils attendent ses ordres pour descendre.

Les habitants de Machiche à ce qu'on dit se proposent de faire prendre M. de Tonnancourt et M. Leproust fils. L'on doit juger de notre situation de voir tant de malheureux qui courent à la perte de cette misérable province. Nous sommes entre la mort et la vie depuis que les gueux de canadiens montent, ils sont comme des enragés et ne cherchent que le pillage et le meurtre. Fasse le ciel que nous puisssions être bientôt délivrés de leurs mains. M. Gugy qui était en cette ville depuis quelques jours pour se soustraire à plusieurs coquins qui le voulaient prendre, est parti aujourd'hui pour s'en retourner chez lui, après avoir obtenu un ordre du commandant pour que ses ennemis ne lui fassent aucun domage.

15.—Le Général Thomas est arrivé avec le reste de la troupe qui était restée à Déchambault ; nous avions espérance qu'une fois qu'il serait passé que nous serions quitte d'eux ; mais notre espérance s'est trouvé vaine puisqu'il reste ici et qu'il attend encore du monde d'en haut ; il a fait prendre toutes les maisons vides pour loger sa troupe ; Il a amené le sieur Stansfield qui était parti pour aller à Québec porter des nouvelles au Général Carleton (dit-on).

L'on dit que M. Pélissier est allé au camp de Sorel pour engager les Généraux à redescendre ; cela peut bien être.

16—Le Général Thomas est parti en bateau pour Sorel ; il a laissé environ 600 hommes qui sont logés en cette ville ; nous ne savons point quel est leur dessein.

Un habitant venant de Sorel dit qu'il n'est point arrivé de renfort aux Bastonnais, qu'il y a tout au plus 7 à 800 hommes, qui se retranchent et qui n'ont que 6 pièces de canon.

Il s'est fait beaucoup de nouvelles sur l'absence de M. Leproust fils et M. Paradis ; les uns ont dit qu'ils étaient fait prisonniers par les Bastonnois et que M. Leproust avait eu le bras cassé ; les autres qu'ils étaient prisonniers dans les batiments les fers aux pieds et aux mains ; mais enfin nous avons appris par une personne sure qu'ils étaient rendus à Québec.

Le sieur Stansfield qui était parti de cette ville pour aller à bord des batiments et qui a été fait prisonnier en revenant, a été élargi aujourd'hui, les Yankees n'ayant point trouvé de preuves contro lui ; il me dit que le 11 de ce mois les Bastonnais avaient pillé tout ce qu'ils avaient pu trouver au moulin de Lotbinière, bled, farine etc.

17.—Un nommé Laliberté de Bécancourt, venant de Montréal pour se faire payer des effets que les Yankees lui ont pris l'automne dernier à Québec, dit avoir passé par Laprairie et qu'il n'y a pas plus de 500 hommes ; qu'à Sorel tous ceux qui montent suivent presque tous leur route à la Nouvelle Angleterre, qu'il ne s'est point aperçu qu'ils fassent aucun retranchement. Il n'a pas été payé.

Trois Hurons venant de Québec ont dit qu'il y était arrivé neuf transports chargés de troupes, nous espérons au premier vent du Nord-Est les voir arriver ici.

L'on dit que deux habitants de la paroisse de St. Louis dans la rivière Chambly sont passés par le côté du sud pour aller à Québec demander grâce à M. le Général Carleton ; je souhaite qu'ils la puissent obtenir, du moins les autres paroisses rentreront peut-être en elles-mêmes.

M. Gugy craignant que ses ennemis qui ont causé le pillage chez lui n'attentent à sa personne, est venu en ville jusqu'à ce que le reste des troupes du congrès soit passé.

18.— M. Pélissier arrivant de Montréal, rapporte qu'il y a 10,000 hommes à Sorel pour descendre à Québec.

19.— Nous avons aperçu une Goëlette qui descendait et comme M. Pélissier avait rapporté la nouvelle ci dessus, nous pensions que c'était du monde ou des vivres qu'elle apportait ; mais notre crainte n'a pas duré longtemps en voyant qu'elle était allège et qu'elle venait chercher le bagage des officiers qui sont en cette ville.

20.—Des lettres venues de Montréal disent que mercredi il a passé 150 Bastonnois de la ville pour aller aux Cèdres au devant du régiment du roy, les sauvages et les canadiens qui y sont, et que jeudi l'on avait entendu tirer plusieurs coups de canon d'où l'on présume qu'il y a une action.

Des gens de cette ville qui ont été à Montréal mener des canots d'écorce et qui sont de retour aujourd'hui rapportent qu'il n'y a pas plus de cent hommes Bastonnais à Montréal.

Aujourd'hui les sieurs Proust et Paradis revenant de Québec se sont enretournés par la crainte d'être fait prisonniers par les Bastonnois, vu que bien des personnes savaient qu'ils étaient de retour.

Un bateau venant de Sorel est arrivé à dix heures du matin qui a apporté la nouvelle que les Royalistes avaient repris Montréal et tué tous les Bastonnois et Canadiens du congrès qui se sont trouvés dans la ville ; aussitôt cette nouvelle arrivée, les Bastonnois se sont préparés à partir pour Sorel, ils sont partis de cette ville à trois heures après-midi.

Nous attendons avec impatience les troupes du roi, d'en bas. Comme il restait quatre officiers malades à l'hôpital de cette ville hors d'état de pouvoir suivre l'armée, les Bastonnois par l'avis de M. Banfield avaient dessein d'emmener avec eux quatre personnes des plus notables de la ville pour être ôtages de leurs malades ; Mr. Pélissier s'étant trouvé avec eux lorsqu'ils en parlaient ; leur dit qu'ils feraient très-mal qu'ils allaient irriter le reste de la nation contre eux ; ce conseil fut accepté et l'on prit personne. Les malades ont été bien rassurés, quand on leur a fait voir la proclamation de M. le Général Carleton ; ils ne pouvaient se lasser de dire que M. de Carleton était un grand homme généreux et humain.

24.—La prise de Montréal qu'on avait annoncée se trouve fausse, mais il est certain qu'il y a eu un action aux Cèdres et que les

Royalistes ont remporté victoire ; les Bastonnois y envoient beaucoup de monde pour empêcher que la troupe du roi n'y pénètre.

Ce matin à huit heures quatre Bastonnois sont arrivés dans cette ville venant d'en haut, ils ont dit qu'ils venaient de la pointe de Lévis, mais nous pensons que ce sont des espions qui viennent voir ce qui se passe ici. Il en est arrivé un autre d'en bas, armé, il dit être déserté de Québec, il est dommage qu'on ait point de troupes ici pour les prendre.

Des Hurons de Lorette venant d'en haut nous apprennent que les Royalistes ont tué et fait prisonnier tout le parti Bastonnois qui avait été envoyé aux Cèdres et qu'ils devaient les attaquer ce matin à heures dans le retranchement qu'ils ont fait à Lachine ; dans l'action des Cèdres, les Royalistes ont pris deux pièces de canons aux Yankees.

27.—Ce matin à la pointe du jour, il est arrivé deux bateaux avec 24 Bastonnois armés qui ont voulu surprendre les Royalistes. Ils se sont adressés d'abord chez Mr. Leproust pour prendre son fils ; ayant été averti de leur recherche, il est passé par une fenêtre sans bas ni souliers et s'est retiré dans le bois.

Ils avaient cependant investi la maison, mais il s'est sauvé sans qu'ils s'en soient aperçus. Voyant qu'ils ne le trouvaient point chez son père, ils sont allés chez Mr. de Bellefeuille faire la recherche partout sans succès ; enfin ils se sont lassés de chercher le sieur Proust ; ils ont été à l'hôpital prendre quatre malades, les ont embarqué dans leurs bateaux et sont partis.

A 8 heures du matin nous avons apperçus à Champlain douze bâtiments qui montait, cela a fait changer notre crainte en joie, les Royalistes qui se sont trouvé au bord de l'eau voyant les batiments ont crié : *Vive le Roy;* Mrs. Leproust et Paradi qui étaient dans le bois, ont été avertis et sont revenus vers onze heures, nous n'avons pas eu la consolation de voir arriver les batiments ; le vent du Nord-Est ayant tombé.

28.— Le sieur Bazile Duchainy a été arrêté par un parti commandé par M. Godfroy de Tonnancourt, ayant été soupçonné d'être d'intelligence avec M. Medet comme l'ayant servi tout l'hiver, il a été envoyé aux frégates qui sont à Champlain. A deux heures de l'après midi, je vis arriver deux personnes dans une calèche venant d'en haut, j'en donnai aussitôt avis à M. de Tonnancourt, qui envoya M. Laframboise avec moi chez M. Lells pour savoir qui c'était, nous reconnûmes que c'était deux royalistes de Montréal, qui nous apprirent que les Bastonnois avaient perdu deux parties de 500 hommes chaque, tant aux Cèdres qu'a Lachine ; ils nous donnèrent avis aussi qu'il y avait un Bastonnois tout acoutré qui entrait dans la ville, M. Marchand, de Batiscand, et moi nous le fûmes prendre, il se rendit volontiers, il nous dit qu'il était déserté de Sorel avec quatre autres dont deux avaient traversé au Sud et que les deux venaient d'arrière lui, il dit qu'il était malade depuis quelques jours ; M. Laframboise le fit mettre à l'hopital en conformité à la proclamation de M. le Général Carleton.

Le garçon de M. Marin arriva de la Rivière du loup sur les deux heures et demi, qui est venu l'avertir de ne point aller chez lui, qu'il y avait un détachement de 40 hommes Bastonnois et Canadiens qui était venu la nuit passée pour le prendre ainsi que M. Baucin : qu'ils avaient été chez M. Gugy à Machiche et qu'il croit qu'ils y ont pillé ; il dit avoir entendu dire aux canadiens Bastonnois qu'ils devaient venir ce soir à la ville, nous nous tenons sur nos gardes.

Nous avons appris avec joie qu'il était arrrivé à Québec la semaine dernière 40 batiments chargés de troupes.

29.—Mr. Farguson et deux autres personnes de Montréal qui s'en sont échappés sont passés aujourd'hui pour aller à bord des batiments qui sont à Champlain ; ils nous confirment les deux faits que les Bastonnois ont perdu du coté d'en haut, et ils nous ont dit que les sauvages qui sont avec le parti du roi se comportent très humainement envers les prisonniers qu'ils font.

30.—Plusieurs personnes de la pointe aux Trembles de Montréal sont arrivées en cette ville, pour se sauver des ennemis qui les veulent prendre ; on dit que M. Cuthebert de Berthier a été fait prisonnier et qu'on lui a pris 3,000 minots de bled.

31.—Monsieur Lavalterie et plusieurs autres messieurs venant de Montréal nous apprennent que les Bastonnois ont fait un accord avec les Royalistes, qui sont du coté d'en haut, c'est à savoir qu'ils ont promis de renvoyer les prisonniers qu'ils ont fait à St. Jean l'autonne dernier, et les Royalistes se sont engagés à remonter les prisonniers qu'ils ont fait tant aux Cèdres qu'a La Chine ; qu'en outre que les Royalistes leur ont proposé de se renfermer dans Montréal et qu'ils se retireraient à la Galette sans quoi ils allaient continuer à les harceler.

Le Sieur Bélisle, interprête des sauvages de St. François, vient d'arriver ; il était parti il y a deux jours pour porter les ordres à M. le Général Carleton ; étant arrivé à St. François, il a été averti qu'on le voulait prendre, les sauvages lui dirent : ne crains point nous te défendrons si l'on vient pour te prendre, mais ayant su pendant qu'il était au village que 300 hommes Bastonnois l'environnaient, il prit une baguette à sa main et faisant semblant de badiner, il passa à travers les ennemis sans qu'ils le reconnurent étant passé il prit le bois et de là et venu resortir à la baie et de là ici.

Juin 2.—Les batiments qui étaient à Champlain depuis 8 jours aujourd'hui, à leur passée de la ville, les volontaires les saluèrent de trois volées de mousquet en criant 3 fois vive le Roy ; les batiments y ont répondu de quatre coups de canon. Les cœurs Bastonnois ne les regardaient que de coté ils ne sont pas si contents que quand leurs frères descendaient en bateau.

4.—Aujourd'hui étant le jour de la naissance du roi, toutes les troupes se sont rendues dans la Commune, ont fait trois décharges de fusil et les batiments la même chose de leurs canons.

Nous apprenons qu'il y a 600 Yankees à Nicolet que quelques habitants de la paroisse ont été chercher, ils ont voulu s'emparer de M. Bellarmin, capitaine de milice, de son beau père et de deux de ses beaux frères, mais ils sont échappés par le bois et sont venus en ville. Plusieurs Montréalistes qui ont abandonné leurs maisons sont venus se réfugier ici.

8.—A quatre heures du matin, le sieur Landeau, capitaine de milice de la Pointe-du-lac, est arrivé en cette ville, qui a donné avis qu'il y avait un fort parti de Yankees débarqué pour venir ici. Aussitôt le colonel Fraser a fait battre la générale et rassemblé son monde au nombre de 7,000 ; plusieurs piquets ont été envoyés dans les différents endroits où les Yankees pouvaient pénétrer.

Sur les 8 heures, ils ont paru au bord du bois derrière la terre de M. Laframboise ; nos troupes y ont fait un feu continuel pendant deux heures, tant du canon que de la mousqueterie et de batiments, ce qui a obligé les Yankees de se retirer dans les profondeurs ; nous n'avons qu'environ que douze blessés ; point de mort, grace à Dieu. Ce parti était conduit par le nommé Larose et Dupaul qui avaient juré Antoine Gautier de les conduire à travers les bois ; mais qui la fait d'une manière à donner le temps à nos troupes de se préparer au combat, en faisant plusieurs caracales dans le bois ; et feignant de ne pas connaître le chemin, sans quoi ils nous auraient surpris avant le jour.

A trois heures après-midi nous avons appris que nos troupes ont pris aux Yankees, 20 batteaux, 20 quarts de lard et outre deux ou trois hommes prisonniers et 8 pièces de canon ; nos volontaires ont fait des merveilles.

A 6 heures M. le Général Carleton est arrivé de Québec accompagné de Mr. son frère et Mr. Lanaudière ; il est parti aussitôt pour se rendre à la pointe du lac.

9.—Les prisonniers que l'on a fait hier sont arrivés dans cette ville parmi lesquels étaient le général Thompson, son aide de camp et un colonel qui a été pris à la pointe du lac par un nommé Baiville de Laprairie et un nommé Chabot, il y avait aussi parmi ces prisonniers un nommé Langlois, capitaine des milices du cap Sante.

Nous apprenons par les habitants de Machiche que depuis le jour de la bataille donnée le 8, il sort des Bastonnois du bois, qui sont blessés et qu'il y en a plusieurs de morts, en conséquence un parti de canadiens de cette ville sont allés dans le bois faire la recherche des blessés pour les amener en ville.